U0786391

医疗纠纷与法律处理

第2版

主　编　孔志学
主　审　刘俊荣
副主编　刘　鑫　郑平安　肖　鹏
编　者（以姓氏笔画为序）
孔志学　刘　鑫　刘俊荣　肖　鹏
汪锦宏　郑平安　单玉涛　葛林虎
曾长隽　曾益康　谭晓莉

科学出版社
北　京

· 版权所有　侵权必究 ·
举报电话：010-64030229；010-64034315；13501151303（打假办）

内 容 简 介

本教材的编写目的是以一种简明易懂的方式，为广大医学生提供有关医疗纠纷与法律处理的主要法律知识，使医学生能通过学习有关处理医疗纠纷的基本法学理论和主要规定，分析、评价在医疗实践中发生的典型医疗纠纷案件，了解我国医疗纠纷涉及的法律的主要内容，并掌握在医疗实践中处理类似医疗纠纷案件的处理程序和应急方法，以培养医学生依法行医，并树立维护医患双方合法权益的意识和观念。

图书在版编目（CIP）数据

医疗纠纷与法律处理 / 孔志学主编. —2版. —北京：科学出版社，2014.1
ISBN 978-7-03-039529-0
Ⅰ.医…　Ⅱ.孔…　Ⅲ.医疗事故-民事纠纷-处理-中国　Ⅳ. D922.165
中国版本图书馆CIP数据核字（2014）第006729号

责任编辑：杨鹏远　胡治国 / 责任校对：朱光兰
责任印制：赵　博 / 封面设计：范璧合

版权所有，违者必究。未经本社许可，数字图书馆不得使用

科学出版社出版
北京东黄城根北街16号
邮政编码：100717
http://www.sciencep.com
北京中石油彩色印刷有限责任公司印刷
科学出版社发行　各地新华书店经销
*
2007年2月第　一　版　　开本：787 × 1092　1/16
2014年1月第　二　版　　印张：7 1/2
2025年7月第十四次印刷　　字数：173 000
定价：39.80元
(如有印装质量问题，我社负责调换)

前　言

由于医疗纠纷形势的发展和政府的日逾重视,不少地方政府对医疗纠纷的处理进行了新的尝试,有的还进行了地方立法,因此本书的再版汲取和增加了这部分的新内容。其余部分仍然保持原来的结构和内容。本书的再版得到了科学出版社的支持，本书还参考引用了国内许多同行的最新研究成果。在此，表示诚挚的谢意。

作为一本供医学院校的医学生使用的教材，我们以简明的表达方式，帮助广大医学生了解以下的内容：医疗纠纷的概况、医患双方的权利和义务、医疗纠纷如何认定、医疗纠纷如何调查取证和鉴定、医疗纠纷涉及的主要法律法规、医疗纠纷解决的诉讼途径和非诉讼途径、医疗纠纷的防范和对策、医疗纠纷发生后的应急处理以及分析评价典型的医疗纠纷案例。

《医疗纠纷与法律处理》(第2版)全书内容的构思、大纲设计及编写等由主编孔志学负责完成，刘鑫、郑平安、肖鹏为副主编。其中第一章由郑平安编写，第二章由刘俊荣编写，第三章由单玉涛、汪锦宏编写，第四章由肖鹏编写，第五章由谭晓莉编写，第六章由刘鑫、曾长隽编写，第七章由刘鑫编写，第八章由曾益康编写，第九章由葛林虎(第一至第三节)、刘鑫(第四节)编写，第十章由孔志学编写。

《医疗纠纷与法律处理》(第2版)除了有简明易懂的特点外，理论联系实践是另一个明显的特点。全书以医疗纠纷涉及的主要法律法规为主线，结合医疗纠纷典型案例进行分析为辅助，理论联系实际，既有理论性又具有操作性。

《医疗纠纷与法律处理》(第2版)作为教材，体系还不够规范，内容还不够丰富，其中有些问题尚待进一步探讨。虽然编者已经认识到存在的问题，但是水平及能力有限，恐难避免，唯有不断努力，日后使之完善。

编　者

2013年11月

前 言

[illegible]

2014年11月

目　　录

第一章　医疗纠纷概述

“每一次医学行动始终涉及两类当事人：医师和病员，或者更广泛地说，医学团体和社会，医学无非是这两群人之间多方面的关系。”

——西格里斯（著名医史学家）

自二十世纪九十年代以来，医疗纠纷在我国一直是持续热门又无比沉重的话题，它对医患双方都是一场噩梦。在这场噩梦里，医患双方的眼泪与鲜血在流淌、财产与生命遭损害、微笑与关爱被遗忘；患者的痛苦与呼号、医生的叹息与无奈，权利与义务、情感与理智、正义与邪恶、良知与私欲、科学与愚昧、理解与误会以及医学的崇高与人性的迷失等等都交织其间，化解不开。我们需要冷静清醒地认识医疗纠纷，我们更需要积极稳妥地探寻解决医疗纠纷的各种途径。

第一节　医疗纠纷的概念和特点

一、医疗纠纷的概念

对于什么是医疗纠纷，一直存在不同的理解，至今众说纷纭，没有形成统一的概念，这里列举几种具有代表性的观点：

其一认为，医疗纠纷是指医患双方对诊疗护理过程中发生的不良后果及其产生的原因认识不一致而向卫生行政部门或司法机关提出控告所引起的纠纷。持这种观点的多为医疗卫生行政部门，这也是传统的观点之一。

其二认为，医疗纠纷是指医患双方对医疗后果及其原因在认识上产生分歧，当事人要求追究责任或赔偿损失，须经过行政的或法律的裁决方能解决的医患纠葛。这种观点在很多医院管理学的教科书中都可以看到。

其三认为，医疗纠纷是指病人或家属对诊疗工作不满，认为病人出现伤残或死亡系由医务人员诊疗失误所引起，要求追究责任与赔偿而向司法机关提出控告的案件。这种观点来自大众话语，其中势力最强、影响力最大的是报刊杂志、广播电视等传媒的新闻舆论，其要害在于把医疗纠纷在认识上理解为患方是受害者，医方是责任者，须追究医方各类责任与赔偿经济损失的纠纷。

这些关于医疗纠纷的概念都有合理的成分，但都不够准确和全面，有些观点甚至是错误的，比如在认识上仅仅将患者理解为受害者的观点。

我们认为：医疗纠纷（medical dispute）是指因求医者对医疗服务提供者的医疗服务不满意，与医疗服务提供者之间发生的争执。其中求医者主要指患者及其家属，医疗服务提供者主要指医务人员和医疗机构。

我们对医疗纠纷做出这样的定义主要基于下述几点理由：

第一，医疗纠纷产生的原因并不仅是医患双方对医疗后果及其原因在认识上发生分歧这么单一，而是背景更复杂、因素更众多。比如医生的医疗处置本身，或者是医生实施医疗处置的方式让患者不满意，有时这种处置可能并没有产生不良后果，甚至尚未产生任何后果，只是患者认为这种处置无法接受，或是认为实施这种处置未能预先征求自己的意见，也就是说医生未履行告知义务就有可能引发医疗纠纷。

第二，医疗纠纷产生的时间贯穿在整个医疗服务过程中乃至医疗服务结束之后，而并不是仅仅局限在诊疗护理过程中。

第三，医疗纠纷争执的目的比较复杂，有时争执的目的是获得更多的经济赔偿；有时争执的目的是“责任”本身，即当事人的根本诉求只是确定责任，而不是追究责任。例如，有些医院发生医疗事故后，希望与患方和解，不惜代价“私了”，争取不定为医疗事故，以免对医院声誉造成不良影响。而医疗事故的受害者却并不领情，坚持要求明确医疗事故鉴定结果，以“定为医疗事故”为目的，而并不在乎是否能得到更多赔偿。因此，认为医疗纠纷仅仅是“当事人要求追究责任或赔偿损失”的观点也是不全面确切的。

第四，医疗纠纷的解决渠道是多样化的，可以由行政机关调处，也可以由司法部门裁决，更鼓励医患双方协商解决或者由第三方调解解决，法律法规并没有规定医疗纠纷一定要经过行政的或法律的裁决。因此，认为医疗纠纷“须经过行政的或法律的裁决方能解决”的观点是没有法律依据的。

二、医源性纠纷和非医源性纠纷

根据医疗纠纷的概念，大致可以将医疗纠纷分为医源性纠纷和非医源性纠纷两种。

医源性医疗纠纷是指由于医疗服务提供者方面的原因导致的医疗纠纷。它又包括两类：一是医疗过失纠纷，即由医疗事故或医疗差错引起的医疗纠纷；二是其他医源性纠纷，主要是医务人员的服务态度和语言不当等引发的医疗纠纷。

非医源性纠纷是指由于求医者方面的原因导致的医疗纠纷，通常由于求医者缺乏医学常识，对医疗意外、医疗并发症、疾病自然转归等情况无法接受引发的医疗纠纷。

为了更好地理解什么是医疗纠纷，有必要对几个与医疗纠纷相关的用语做简要说明。

（1）医疗过失行为：指医疗服务提供者因管理缺陷、技术失误、失职行为等因素造成患者不同程度的机体损伤的行为。

（2）医疗事故：指医疗机构及其医务人员在医疗活动中，违反医疗卫生管理法律、行政法规、部门规章和诊疗护理规范、常规，过失造成患者人身损害的事故。

（3）医疗差错行为：指医务人员虽有诊疗护理错误，但未造成患者人身损害，不构成医疗事故的行为。

（4）医疗意外：指在诊疗护理过程中，由于无法抗拒的原因，导致病员出现难以预料和防范的不良后果的情况。

（5）并发症：指在诊疗护理过程中，病员发生了现代医学科学技术能够预见却难以避免和防范的不良后果。

（6）疾病的自然转归：指疾病过程的最后阶段，包括痊愈、不完全恢复健康和死亡三种结果。与医疗纠纷相关的疾病自然转归指病员虽有死亡、残疾、功能障碍等后果，但导致此种后果的原因不是医务人员的过失，而是病员疾病发展引起的必然结果。明确疾病自然转归的意义在于可借此判断诊疗护理行为有无过失和导致非正常损害，为医疗纠纷的处理提供依据。

三、当前医疗纠纷的特点

当前的医疗纠纷已经演化成了一个极其复杂的社会问题，是一个亟待解决却又难以解决的社会顽症，其主要特点如下：

（一）医疗纠纷数量急剧增长

医疗纠纷数量的急剧增长我们可以从几个不同的角度来考察。

从总体上看：中华医院管理学会在10年前就在全国326所各级各类医院中，对医疗纠纷问题进行了一次较为全面的调查。从多项选择问卷调查的结果看，绝大多数医院都为医疗纠纷所困扰，医院越大，收治的疑难重症病人越多，产生的纠纷也越多。326所医院中，一年内有98.47%的医院发生过医疗纠纷，医疗纠纷发生得较多的科室依次是：外科、产科、骨科、妇科、儿科。也就是说，几乎没有医疗机构未发生过医疗纠纷。而且医疗纠纷在近年呈快速递增之势，全国平均增长率是22.9%（原卫生部：《第三次国家卫生服务调查主要结果》）。另据中国医师协会对114家医院的调查显示，近年来医疗纠纷的发生也显著增加。发生打砸医院事件和殴打、甚至杀害医师事件时有见报。

从各地的情况看：北京市近几年人民法院审理的医疗纠纷案件也逐年上升，特别是最高人民法院《关于民事诉讼证据的若干规定》颁布后，这一趋势更为明显。以北京市第二中级人民法院为例，2000年至2002年，该院共审结二审医疗纠纷案件149件，其中2000年度20件，2001年度51件，2002年度78件。人民法院报报道，从2002年4月1日起，人民法院审理医患纠纷案件实行举证责任倒置后，医患纠纷案件数量猛增。据江苏省卫生厅披露的数字，从2002年9月至2003年12月，江苏省提请省、市两级医学会进行医疗事故技术鉴定的争议事件达到1300起，同比上升了60%。各级法院受理的医疗事故纠纷案700多起，是往年同期的10多倍。在湖南，从中南大学湘雅医院了解到，仅湘雅医院平均每周就会发生一起医患矛盾，2004年共处理大的医患纠纷18起，同城的中南大学湘雅医院第三附属医院2005年共发生12起大的医患纠纷。在武汉市医疗纠纷发生率逐年上升的趋势大致可从医疗纠纷引起的上访、诉讼、鉴定等方面体现出来。据不完全统计，1998年以前，武汉市每年上访人数仅几十人次，而近两年平均每年近千人次；1998年以前，医疗纠纷案每年最多不过60余起，而近两年平均每年为百余起。1998年以前，每年鉴定的不过几起，而近两年鉴定的约百余起。近年来，全国各省会城市医疗纠纷发生率大同小异，不一一列举了。

从专家学者的个人感受看：著名卫生法专家张赞宁教授在北京、上海、天津等全国五十多个城市讲学时，向前来听课的三百余所医院院长作过一项调查，结果发现在这三百余所医院里，竟然没有一个老年医师愿意自己的子女报考医学院校！这在任何一个国家都是不可思议的事情。为什么会这样呢？因为防不胜防的医疗纠纷！（《医事法学研究及典型案例评析》张赞宁编著、东南大学出版社2003年版）医疗纠纷的普遍由此也可见一斑。

从各类传媒的报道看：现在医疗纠纷已成为当今各类媒体关注的热点，用百度或Google搜索一下“医疗纠纷”，都会涌现巨量的信息。报刊杂志、广播电视的相关新闻和专栏专题报导更是五花八门，层出不穷。

（二）舆论导向上的片面化

近十余年来，从普通民众到政府官员，从新闻传媒到消费者权益保护组织，从学术界到司法界关注和谈论的焦点都少不了医疗纠纷，且逐渐形成了主观武断、歪曲片面的舆论导向，集中表现在两个方面：

一是认为医德医风普遍沦丧，医院和医务人员眼中只有利益没有患者，不负责任、草菅人命不是个别现象，而是普遍问题。医护人员在一夜之间变成了“白衣恶魔”，全社会都在批评、指责、甚至漫骂医疗机构和医护人员，医疗机构和医护人员几乎为医疗纠纷背负了整个恶名。其实将医疗纠纷的主要责任归过于医疗机构和医护人员是不公平的，对此我们略作分析就可明白。第一，据前述中华医院管理学会维权部的医疗纠纷调查结果，全国年门诊量近20亿人次，发生投诉率仅为1/万；另据有关统计资料，三甲医院年投诉率仅占门诊人次数的0.2/万，医疗事故率则在1/百万以下。因此不能抹杀医务人员的辛勤劳动及对社会大众健康的贡献，更没有理由将医疗纠纷的责任武断地归于医疗机构和医务人员；第二，目前公众对医疗服务表示强烈不满的四方面，都与医疗卫生事业改革的利益失衡和错误导向有关。2005年6月，国务院发展研究中心公布了一份题为《中国医疗卫生体制改革》的调查报告，提出了我国医疗卫生事业改革失败的结论。认为医疗服务公平性差、卫生投入效率低、医院商业化市场化行为错误。从中我们不难看出，看病难与医疗卫生资源配置失衡有关；费用高与医疗卫生产业化的后果有关；服务态度差与市场逐利取代人文关怀有关；疗效差则是基于看病难、费用高、服务劣的铺垫和片面过分失实宣传医疗机构和医护人员的每一点过错从而造成极大误解的产物。在计划经济时代，国人的基本医疗保障问题解决的较好，就连最缺少社会保障的农民，都有受到国际社会普遍肯定的农村合作医疗制度的保护。医疗卫生资源在城乡之间的配置也有较大的均衡性。但在市场化过程中，原有的城镇、农村医疗保障体系已经坍塌，新的保障体系尚待建立，到2004年底参加城镇医疗保险的人数只有1亿多人，不足城镇人口的四分之一，绝大多数的人看病都必须自费解决，加上医药费用逐年大幅度增长，这对患者来说无异雪上加霜，看病难、费用高的问题自然迅速凸现。2005年卫生部公布的第三次国家卫生服务调查显示，全国有48.9%的人有病不就诊，有29.6%的人应住院而不住院，其中因为经济因素导致的，前者占38.2%，后者占70%。“看病难”使得患者郁积不满情绪；“费用高”使得患者经济和身心都难以承受；“服务劣”使得患者忍气吞声但忍无可忍；“疗效差”使得患者找到了宣泄与暴发理由与出口。至此医疗纠纷不暴发已无可能。产生医疗纠纷的原因当然还有很多，患者（公民）对生命健康的重视、法律意识的提高；没有被化解的社会其他矛盾向医疗的转移；信息传播的公开、广泛和快捷等等都是不能忽视的，但医疗卫生服务已不能满足人们日益增长的需要，无疑是最主要的原因，国家（政府）应当检讨，并承担起责任。

二是医疗纠纷的卫生行政调解被批评为“老子调处儿子”而遭唾弃，医疗事故鉴定因所谓医医相护“既当运动员又当裁判员”而受质疑，其结果是便捷高效的卫生行政调处受冷落，一起纠纷多处鉴定或根本不相信鉴定结论，使得问题越拖越复杂，医患矛盾越来越恶化，纠纷解决越来越困难。

（三）医患矛盾冲突激烈化

近年来，医疗纠纷成为社会矛盾最为突出的热点之一，在不少地方医患矛盾冲突已经激烈化。调查显示，医疗纠纷发生后通过法律途径解决的是少数，大多数病人和家属采取了较为过激的方式。据中华医院管理学会维权部的调查分析，在医疗纠纷的处理中，病人和家属到医院打闹、扰乱医院工作秩序的占73.5%，诉诸法律解决的仅为10.8%，还有一部分通过协商“私了”。被调查的医疗机构中，有43.86%的医院被患者家属打砸，对医院设施直接造成破坏的有35.58%，医务人员受伤的为34.46%。患者死亡后停尸在医院大厅、病房的约占10%左右，围攻院领导的有18.21%，攻击威胁医务人员的有37.2%，几十人冲击医院的有12.3%，黑社会介入的有40.6%。其中东北和中南地区尤为严重。另据有关部门统计，最近三年，北京仅71家大中型医院就发生医护人员被殴事件502起，致伤残90人；1991年1月至2001年7月，湖北省发生围攻医院、殴打医护人员事件568起，398名医务人员被打，致残32人。有些地方甚至因矛盾激化导致杀人和爆炸等恶性事件。如2001年，四川省邻水县农民包某因对治疗效果不满意，在其就诊的重庆市第三人民医院制造爆炸案，造成5人死亡，35人受伤。此外，暨南大学医学院伤害与预防控制中心2003年对广州市10所医院4062名工作人员的调查结果表明，一年内有2619名医院工作人员遭受过不同程度的暴力侵犯，医护人员的暴力遭受率高达64.5%。其中一年遭受一次暴力威胁的占14.3%，一年受到两次以上暴力威胁的占50.2%。有86%～96%的医院均出现患者因医疗纠纷而埋怨医院、不出院、拒绝交纳医疗费用的情况（《谁来保障医务人员的权益》，中华医院管理学会维权部、《中国卫生》2005年第3期，第30—34页）。在前述中南大学两家医院发生的30起纠纷中，95%都发生了患者家属围攻医院事件。围攻最长时间三昼夜，最短24小时，处理周期最长3个月，最短24小时。发生殴打医生或者医院工作人员的事件4起，在医院病房设“灵堂”3起。目前没有在医院、医生与患者及家属间设立纠纷隔离带，使得医院、医生直接面对纠纷的对方，一方面牵扯医院、医生大量精力，造成宝贵医疗资源的浪费；另一方面，纠纷双方直接面对，矛盾容易激化，纠纷解决没有公平、合理的基础，医院最终只得屈服于正常医疗秩序受到严重干扰的压力，出钱了事，造成恶性循环。这样最终受害的将是患者。

（四）患方诉求上的功利化

当前几乎所有的医疗纠纷都伴随着经济赔偿。有研究显示，92.1%的纠纷牵涉到赔偿问题（袁吕平.上海4所综合医院152例医疗纠纷剖析.解放军医院管理杂志，1999，（2）：144）而且索赔普遍，数额巨大，动辄数十万甚至上百万。赔偿的范围一般包括医疗费、误工费、营养费、交通费、陪护费、抚养费、残疾生活补助、精神损失赔偿等。在患者方看来，开高价可以获得更多的补偿，同时给院方施加更多压力好讨价还价。如湖北省某医院的一起医疗纠纷，患者家属索赔额高达667万元，法院判决医院赔偿290余万元，就是这方面的典型例证。前述中华医院管理学会维权部对全国326所各级各类医院的调查显示，326所医院病人索赔金额总计约6000多万元，平均每所医院21万元，其中三级医院病人索赔10万元以上的占60%，越是大医院，被索赔金额越高。现在医疗机构里经常活动着一群人，他们就是所谓的职业“医闹”，他们专找一些发生医疗纠纷和可能发生医疗事故的人，借这个名义通过闹事获得经济好处。通常的做法是在医院门前聚众静坐，或是在医院拉起横幅，要求医院赔偿。有的还将死者或伤者抬到医院门诊大厅，在医疗纠纷当事人获得了医院的赔偿后，他们与其分红，“医闹”的收费标准是根据患者向医院索赔的额度按比例收取，一般来说至少是索赔金额的30%。“医闹”的出现使得医疗纠纷更趋复杂化。

第二节 医疗纠纷处理模式的历史演变

这里所称的我国医疗纠纷处理的历史仅限于新中国成立以后的医疗纠纷处理状况。我国对医疗纠纷的处理是与对医疗事故的预防与处理同步发展的，按照各个历史时期的不同特点大致可分为以下几个阶段：

第一阶段（1950~1959年）

这一阶段的特点是医疗纠纷侧重于司法裁决。医疗事故与纠纷多直接由司法部门处理，经法律裁决。尽管在此期间卫生行政部门制定了一些条例、规定，有些医院也建立了医疗事故鉴定委员会，但这些多形同虚设，不少医疗事故还是直接由法院处理，尤其是责任事故，不经医学技术鉴定，法院就可以传讯医务人员，按当时的刑事法律类推给予处罚。由于司法人员不熟悉医疗领域，忽视了医疗工作的特殊性，将医疗纠纷等同于一般纠纷来对待，又不经医学技术鉴定，而且当时法制极不健全，判案缺少法律依据，往往定性不准，处理过重。尤其带上强烈的阶段斗争的色彩后，诸如因家庭出身、历史问题而定为阶段报复，则处理更重，甚至有冤错案，使医务人员产生恐惧心理。这一阶段的医疗纠纷不多，处理的主要是医疗事故。

第二阶段（1959~1977年）

这一阶段的特点是医疗纠纷主要由卫生行政部门定性处理，对医疗事故与纠纷，医院或家属向法院起诉一般也不受理。这种单纯由卫生行政处理的方法缺乏权威性，医患双方的权益往往都不能得到保护。基于当时卫生部门和医疗机构的关系，处理医疗纠纷时，难免把医院和病人放在不对等的地位上，对于严重的医疗事故，卫生行政部门如果简单、草率处理，则受害方投诉无门，因而不利于保护患方权益。由于没有法院的介入，致使病员或家属认为处理不公时采取过激行为，打骂医务人员的事时有发生，甚至长期占用病房，使医院的正常医疗活动受到干扰。对于无理纠缠、打砸医院、扰乱医疗秩序等治安案件，司法部门也不愿介入、制止，因而也不利于保护医方利益。事实证明：由卫生行政部门一家单独处理医疗纠纷也存在很多不足。这一阶段，由于法制受到践踏，尤其是十年动乱期间，社会秩序混乱，医疗纠纷和医疗事故较第一阶段为多。

第三阶段（1978~1992年）

这一阶段的特点是医疗纠纷开始进行医法结合处理。此阶段各省、市、自治区先后制定了地方性的关于医疗事故与纠纷处理的一些规定、条例，此后《刑法》、《民法通则》等法律文件相继颁布实施。1987年6月29日国务院颁布了《医疗事故处理办法》，这一单行法规是全国统一的法规，是医疗纠纷和医疗事故卫生行政处理和法律制裁的依据，对司法部门和医疗单位都具有约束力。《办法》规定：发生医疗纠纷由卫生行政部门处理，也可以直接向当地人民法院起诉。由此开始尝试由卫生行政部门为主，法院也介入处理医疗纠纷的模式。《办法》为医疗纠纷行政处理与医疗纠纷司法处理结合处理医疗纠纷和医疗事故首次提供了统一的依据，在一定程度上保障了医患双方的合法权益。这一阶段医患关系逐渐紧张，但尚未恶化。医疗事故和医疗纠纷逐渐增多，但尚未演化成严重社会问题。

第四阶段（1992~2001年）

这一阶段的特点是参照适用五个司法解释，五个司法解释成为人民法院处理医疗纠纷的首选法律依据。《医疗事故处理办法》的权威遭到严重挑战。最高人民法院关于审理医疗纠纷案件的5个司法解释为：

（1）《关于对医疗事故争议案件人民法院应否受理的复函》，1989年10月10日，法（行）函〔1989〕第63号。

（2）《关于中国人民解放军和武警部队向地方开放医疗单位发生的医疗赔偿纠纷由有管辖权的人民法院受理的复函》，1990年6月4日民字〔1990〕第15号。

（3）《关于当事人对医疗事故鉴定结论有异议又不申请重新鉴定而以要求医疗单位赔偿经济损失为由向人民法院起诉的案件应否受理的复函》，1990年11月7日，民他字〔1990〕第44号。

（4）《关于李新荣诉天津市第二医学院附属医院医疗事故赔偿一案如何适用法律问题的复函》，1992年3月24日，（92）民他字第13号。

（5）《关于对当事人以卫生行政部门不履行法定职责提起行政诉讼人民法院应否受理的答复》，1995年6月14日，（1995）行他字第6号。

这一阶段医疗纠纷与医疗事故案件处理时法律适用混乱，个案之间赔偿金额差距大，一些相同性质的案件在不同的法院出现了不同的判决结果。医患关系恶化、冲突激烈，医疗纠纷演化为严重的社会问题。为此，1997年10月新修改的《刑法》还专门增加了医疗事故罪。

第五阶段（2002~2007年）

这一阶段新法颁布，医疗纠纷与医疗事故处理逐渐走上正轨。2002年4月4日国务院《医疗事故处理条例》正式颁布，该条例于2002年9月1日起施行，适用了16年的《医疗事故处理办法》同时被废止。2003年1月6日最高人民法院颁布《关于参照〈医疗事故处理条例〉审理医疗纠纷民事案件的通知》，明确此后的医疗事故处理按照《条例》规定进行。我们深信，随着法制的不断健全，医学科技的不断发展，各项社会保障制度日渐完善，这一阶段的医疗纠纷和医疗事故将日益减少，医患关系将出现和谐的新局面。

第六阶段（2007年以后）

利用人民调解委员会处理医疗纠纷，是在全国许多城市已经逐步试点和推行的纠纷处理途径。从2007年以来，尤其是进入2009年以来，全国各地掀起了医疗纠纷处理地方性立法的高潮。突出的代表有：北京模式、宁波模式、广东模式、山西模式等。

第二章　医患双方的权利与义务

第一节　医患双方的权利

一、患方的权利

患方权利的享有不仅是对患方权利的尊重，也有利于充分发挥患方的监督作用，使医方更好地履行自己的义务。

目前，我国尚无专门的病人权利法。根据现行的《中华人民共和国民法通则》、《中华人民共和国执业医师法》、《中华人民共和国消费者权益保护法》、《医疗事故处理条例》及国际组织章程的规定等，病人的法律权利主要有：

（一）基本医疗权

世界卫生组织（WHO）明确提出："健康是人的基本权利"，任何人都有权享有必要的、合理的、最基本的诊治护理，以保障自身健康。基本医疗权主要包括就医权、获得诊断权、获得治疗权。

1. 就医权　就医权直接源于生命健康权，生命健康权是人的基本权利之一。1948年联合国通过的《世界人权宣言》中宣称："每个人有权使生活达到一定的水准，保证他自己及其家庭的健康和幸福，包括食物、衣着、住所、医疗和必要的社会服务"。我国《宪法》第二十一条规定："国家发展医疗卫生事业，……保护人民健康"，保护人民健康的最根本途径就是确保公众患病时的就医权，维护患者得到诊治的权利。这些规定都是公民享有就医权利的法律明证。即使对刑事犯罪分子，也不能剥夺其患病就医的权利。我国《刑事诉讼法》第一百五十七条规定：对于判无期徒刑、有期徒刑和拘役的罪犯，如果有严重疾病需要保外就医的，可以暂予监外执行。这充分体现了我国法律对公民就医权的尊重和保护。

2. 获得诊断权　在临床上，诊断是治疗的前提，没有详实的、科学的诊断，治疗只能是盲目的治疗，它不仅会影响患者生命与健康，而且还会给患者造成不应有的经济损失及精神负担。每一个患者都有权要求医务人员对自己的疾病进行详细、及时、客观的检查和诊断，以获得正确的治疗。每一个医务人员都无权以患者的生命和健康作儿戏，要尊重患者的诊断权，为患者提供尽可能详细、及时、正确的检查和诊断结果，一切敷衍了事、草率应付、无故拖延的检查和诊断行为都是对患者诊断权的践踏和侵犯。《北京日报》2002年4月26日曾报道了一位姓杨的老太太，在哈尔滨市某家医院就医的经历。杨老太太因肾病住进了该家医院，在两周后进行"肾功"和"尿常规"检查时，本来1个小时就可以出来的"肾功"结果，却等了8个小时。当患者拿着"尿常规"检查结果让一位正在出"特诊"的肾脏专家看时，又因无"特诊"挂号而被拒绝。事后，经其他专家诊断杨老太太的病情已发展到了慢性肾功能衰竭晚期（尿毒症阶段）。专家指出，"杨大娘的病情发展到如此地步，与医务人员有很大关系，如果住院检查不是走过场，医生及时对症下药；如果医生都以救死扶伤为己任，尽量不让患者的医学检验化验单成为废纸……"。所有这些都是对杨老太太获得疾病诊断权的侵犯。

如果说不讲效率，敷衍了事，是对患者获得诊断权的侵犯，那么故意错诊、蓄意找病的诊治行为是更为严重侵犯患者的获得诊断权。2002年4月19日《南方都市报》披露了深圳市南山区某生育服务中心，为了牟取暴利将前往调查的记者，以及其他就医者无病诊为性病，致使某些就医者夫妻反目，痛不欲生的事例。该事例是对就医者获得疾病诊断权的严重侵犯，它不仅剥夺了就医者获得正确诊断的权利，而且对就医者的名誉和身心健康造成了严重的负面影响，需要引起全社会的警惕和关注。

3. 获得治疗权　治疗是减轻病痛，消除疾病的关键，如果没有治疗，再好的诊断也是徒劳。要确保患者的就医权，就必须维护患者获得治疗的权利，任何医院、任何医生都不应影响患者这一权利的实现。但是，在医疗实践中，侵犯患者获得疾病治疗权的现象却时有发生。1998年5月3日，浙江省某县23岁的女青年叶某因车祸身负重伤，被送到某县中医院抢救，中医院对叶某进行了初步处理，又将叶某送到某医学院附属医院。附属医院认为叶某伤势过重，抢救成功的可能性很小，于是叶某又被送回了中医院，这次中医院没有让叶某进急诊室，而是直接把她送进了太平间，叶某的呼吸心跳一直没有停止，次日上午，当叶某在太平间里躺了8个多小时后，家人将其转送到解放军某医院抢救，经六昼夜抢救无效死亡。①本例中，叶某的伤势尽管很重，但她毕竟还没有死亡，而该县中医院却硬是把她送进了太平间，这就明显地剥夺了患者获得治疗的权利。

（二）知情同意权

1. 知情同意的内涵　知情同意，是指在临床过程中，医务人员为病人做出诊断和治疗方案后，应当向病人提供包括诊断结论、治疗决策、病情预后以及诊治费用等方面的真实、充分的信息，尤其是诊疗方案的性质、作用、依据、损伤、风险以及不可预测的意外等情况，使病人或其家属经过深思熟虑自主地做出选择，并以相应的方式表达其接受或者拒绝此种诊疗方案的意愿和承诺。在得到患方明确承诺后，才可最终确定和实施拟定的诊疗方案。

知情同意权包括知情权和同意权两个方面，单纯的知情或单纯的同意都不能称之为知情同意。知情权是指患者有权了解和认识自己所患疾病，包括检查、诊断、治疗、处理及预后等方面的情况，并有权要求医生做出通俗易懂的解释；有权知道所有为其提供医疗服务的医务人员的身份、专业特长、医疗水平等；有权检查医疗费用，并有权要求医方逐项做出详细的解释；有权查阅医疗记录，知悉病历中的信息，并有权复印病历等。同意权是指患者及其家属有权接受或拒绝某项治疗方案及措施。

2. 有关法律条款　我国《执业医师法》第二十六条规定："医师进行实验性临床医疗，应当经医院批准并征得患者本人或者其家属同意"。《医疗机构管理条例》第三十三条规定："医疗机构施行手术、特殊检查或者特殊治疗时，必须征得患者同意，并应当取得其家属或者关系人同意并签字。"　2002年4月4日国务院颁布的《医疗事故处理条例》第十条第一款明确规定："患者有权复印或者复制其门诊病历、住院志、体温单、医嘱单、化验单（检验报告）、医学影像检查资料、特殊检查同意书、手术同意书、手术及麻醉记录单、病理资料、护理记录以及国务院卫生行政部门规定的其他病历资料"。同时，为了保证资料的

① 佟丽华，温小洁编著. 医疗事故与纠纷. 北京：兵器工业出版社，1999，93～94

客观性，第二款还规定："患者依照前款规定要求复印或者复制病历资料的，医疗机构应当提供复印或者复制服务并在复印或者复制的病历资料上加盖证明印记。复印或者复制病历资料时，应当有患者在场"。在我国《消费者权益保护法》第八条中，也有类似的规定："消费者享有知悉其购买、使用的商品或者接受的服务的真实情况的权利。消费者有权根据商品或服务的不同情况，要求经营者提供商品的价格、产地、生产者、用途、性能、规格、……等有关情况"。为了确保患者这一权利的实现，避免部分医疗单位为了不让患者了解治疗过程的有关真相，推卸自己的责任，阻挠患者获取病情资料等现象的发生，《医疗事故处理条例》第五十六条第（二）项规定："没有正当理由，拒绝为患者提供复印或者复制病历资料服务的"，"由卫生行政部门责令改正；情节严重的，对负有责任的主管人员和其他直接责任人员依法给予行政处分或者纪律处分"。

1972年，美国医院协会制定的《病人权利法》第四条规定："病人有权在法律的限度内拒绝治疗，并拥有被告知他的拒绝行为对他健康后果的权利"；第九条规定："病人有权拒绝参与影响他医疗护理的人体实验研究计划"。在安纳斯提出的病人权利法案的第十二、十三条规定："病人有法律权利拒绝为了教学，而不是为了他的直接利益在他身上作的检查或处理"，"病人有法律权利拒绝任何特定的药物、检查、处理或治疗"。[①]2000年10月修改通过的《世界医学会赫尔辛基宣言》规定："在关于人的任何研究中，……受试者应被告知有权不参加研究或在任何时候撤销同意，而不会有报复"。这一系列的文件和法规，表明了国际社会对患者拒绝权利的认同和肯定。在我国有关的法律文件中，也充分体现了这一精神。《中华人民共和国消费者权益保护法》第十条规定："消费者在购买商品或者接受服务时，有权拒绝经营者的强制交易行为"；《执业医师法》第三十七条第（八）项规定："未经患者或者其家属同意，对患者进行实验性临床医疗的"要承担法律责任。这些法律规定，都直接或间接地强调了患者的知情同意权。

3. 拒绝治疗权 拒绝治疗权是患者同意权的重要内容之一，但是患者的拒绝治疗权是有限的，而不是绝对的。一般说来，患者拒绝治疗权利的履行主要适用于以下几种情况：其一，对自身无益的治疗、治疗性实验或实验性治疗。在医疗实践中，由于疾病的复杂性、医务人员知识水平的局限性及患者个体素质的差异等因素的影响，难免会出现误诊、误治的情况。因此，在一定时期的治疗之后，如果患者感到治疗效果不佳或根本没有效果时，就可以拒绝治疗，向医务人员提出自己的建议，要求修改治疗方案或更换医务人员。而对于治疗性实验或实验性治疗，患者一开始就有知情和拒绝治疗的权利；其二，涉及个人隐私的治疗。如果一项治疗方案，在实施的过程中，可能会影响到患者个人的隐私，如某些性病、心理性疾病等，患者有权拒绝治疗，并有权了解拒绝治疗所可能产生的影响；其三，超过患者自身经济承受能力或治疗费用超过国家有关规定的治疗。对于一般的公众来说，掏钱看病，尤其对于较重大的疾病而言，并不是一件轻松的事，有些疾病可能会花去一个家庭的全部家产。因此，当医疗支出超过患者的经济承受能力，患者不愿继续治疗时，有权终止治疗；其四，超越医疗单位治疗范围之外的治疗。我国《医疗机构管理条例》第二十七条规定："医疗机构必须按照核准登记的诊疗科目开展诊疗活动"。患者在就医过程中，如果发现医疗单位有超越经营范围，对自己进行其他方面治疗的情况，有权拒绝治疗；其五，对医疗单位、医务人员的技术水平或医德水平缺乏信任的治疗。医疗质量的高低、服

① 引自：孙慕义等编著. 医学大法学. 成都：西南交通大学出版社，2000，42～43

务态度的好坏直接影响着患者的生命和健康，当患者对医疗单位或医务人员的技术水平或医德水平不够信任，或者发现存在问题时，就有权拒绝治疗，另择医疗单位或医务人员；如非传染疾病或患者基于特定原因不愿进行治疗的疾病等。

但是，在患者履行拒绝治疗权利时，应注意两方面的问题。其一，当患者拒绝治疗时，应该在患者病历中签字，以示对自己的拒绝治疗负责；其二，对于急救患者，患者家属应慎用拒绝权。因为医师提出的急救措施往往直接关系到患者的生命安全。家属由于医疗知识所限，不容易做出准确判断。一旦贸然拒绝就可能给患者的生命和健康带来不利影响。

4. 应当注意的问题　病人知情同意的理想状态是病人或其家属的完全知情并有效同意。完全知情是指病人获悉他做出承诺所必需的一切医学信息，即通过医方详实的说明和介绍、对有关询问的必须回答和解释，病人全面了解诊治决策的利与弊，例如诊治的性质、作用、依据、损伤、风险、意外等。医方使病人知情的方式一般是口头的，必要时则辅之书面文字方式。有效同意是指病人在完全知情后，自主、自愿、理性地做出负责任的承诺。病人或者其家属做出有效同意的必要条件是：具备自主选择的自由，病人或其家属有权随时收回、终止和要求改变其承诺；符合法定的责任年龄和责任能力。关系重大的知情同意还应遵循特定的程序，即签订书面协议、备案待查，必要时还需经过公证。

此外，正确对待代理知情同意问题也是实现知情同意权的重要内容。代理知情同意的合理性和必要性取于下列条件之一：病人与代理人意见完全一致，代理人受病人委托代行知情同意权；特殊病人（婴幼儿病人、智残病人、精神病人、休克病人等）或需要实施保护性医疗的病人，因本人不能行使或不宜行使知情同意权，而由其家属或其他适合的代理人代行此权。在我国，知情同意权代理人被选择的先后顺序应为：家属-亲戚-单位同事-负责医师以外的其他医务人员。

（三）医疗选择权

2000年2月，国务院体改办、国家计委、国家经贸委、财政部、劳动保障部、卫生部、药品监管局、中医药局等部委联合下发的《关于城镇医药卫生体制改革的指导意见》规定：医药卫生改革要“保障广大群众对医疗服务的选择权，职工可以选择基本医疗保险定点医疗机构就医、购药，也可持医生开具的处方选择基本医疗保险定点药店购药”；2001年李岚清同志在“全面推进医药卫生体制改革，让职工群众享有更好的医疗服务”的讲话中指出：“医疗保险机构在指定定点医疗机构时，要打破独家垄断的格局，确定多家医疗机构，让患者就医时能够有所选择，推动医疗机构之间开展有序、公正的竞争，提高医疗服务水平，降低医疗成本和费用。同时，让病人可以选择医生、选择药店，促进医生之间、药店之间的竞争。”[①]这些文件和指示精神充分强调了病人选择医疗卫生单位及医务人员的权利。

（四）保护隐私权

医生的职业特点决定其有权了解患者与病症诊治有关的一些隐私，但是患者也有权维护自己的隐私不受侵害，对于医务人员已经了解的患者隐私，患者享有不被擅自公开的权利。但是，如果患者的“隐私”涉及了他人或社会的利益，对他人或社会具有一定的危害

① 李岚清．全面推进医药卫生体制改革，让职工群众享有更好的医疗服务．人民日报，2001年1月5日

性，如传染病，则医务人员有疫情报告的义务，应当如实上报。

（五）要求赔偿权

在医疗活动中，因医疗机构及其医务人员违反医疗卫生管理法律、行政法规、部门规章和诊疗护理规范、常规，造成患者人身损害或财产损害时，患者及其家属有权依法提出经济赔偿要求，并追究有关人员或单位的法律责任。

（六）医疗监督权

在就医过程中，患者及其家属有权对医疗活动的合理性、公正性等进行监督，有权检举、控告侵害患者权益的医疗机构及其工作人员的违法失职行为，有权对保护患者权益方面的工作提出批评、咨询和建议。

二、医方的权利

医师是医疗活动的主体，也是医疗活动中医方的主要代表人。根据《中华人民共和国执业医师法》的规定，医师在执业活动中享有下列权利：

（一）医疗诊治权

在注册的执业范围内，医师有权根据病人的情况进行必要的医学诊疗检查，选择恰当的医疗方案、预防措施、保健方法帮助病人恢复健康；有权依据病情、疫情的需要进行疾病调查或流行病学调查，采取预防措施和必要的医学处置；同时，医师有权根据病人的需要和医疗结果出具相应的医学证明。这是医师从事执业活动应当享有的基本权利。但是，医师在履行该项权利时，应当在注册的执业范围内行使，不能超越注册的执业范围给患者开处方。而且，应当按照从业的执业类别，即临床医疗、公共卫生、预防、保健等医学类别，出具相应的医学证明文件，选择合理的医疗方案。

（二）医疗设备使用权

医师行业是一个特殊的行业，医师要想圆满地完成本职工作，要想依法认真履行职责，仅仅靠自己掌握的知识和专业技术是难以实现的。因此，医师在医疗执业活动中应当有权享有使用与执业活动有关的医疗设备基本条件，包括诊疗用品、器械等。各级卫生行政部门和医疗、预防、保健机构要依法为医师配备基本的医疗设施，为医师履行职责、开展诊疗活动创造良好条件，提供可靠保障。但是，在实际工作中，由于受国家和区域经济条件及卫生资源状况的限制，卫生行政部门和医疗机构只可能确保基本医疗设备条件的提供，医师绝不能因为条件的暂时不具备而拒绝对患者的诊治工作，当条件实在不具备时，医师应当将患者转院到具备条件的医疗机构中去诊治。

（三）科学研究权

医师属于科学技术工作者，享有从事医学科学研究、学术交流的权利，并且享有依法参加科学技术专业学术团体的权利。也就是说，医师在保证完成规定的医疗工作和各项有关工作的前提下，有权进行科学研究、技术开发、撰写学术论文、著书立说、参加有关的学术交流活动，依法成立或参加学术团体并在其中兼任工作、在学术研究和交流中发表自己的观点等。医师从事这些工作，有利于提高自身的素质，发展自己的才能，也有利于医疗水平的提高。因此，医师所在医疗、预防、保健机构应当对医师行使这一权利提供帮助和便利，支持并鼓励医师在完成本职工作的前提下进行学术研究和交流，不得以任何借口阻碍医师行使这一权利。

（四）继续教育权

现代社会科学技术的不断发展，要求医师及时更新知识，调整知识结构，不断提高道德修养和业务水平，这既是医师的权利，也是医师的义务。为保障医师的这一权利，各级卫生行政部门和医疗、预防、保健机构应当采取各种方式，开辟各种渠道，为医师参加培训、进修和各种形式的教育创造条件，提供机会，以切实保障医师这项权利的行使。同时，对广大医师来说，这一权利的行使，应当从本单位实际情况出发，要服从所在单位医疗工作的安排，因地、因时制宜。医师行使这一权利，必须保证完成本职工作，通过所在机构有组织、有安排地进行，不得影响正常的医疗工作。

（五）人身安全权

医师的执业活动和医疗秩序受法律的保护，医师在执业活动中，人格尊严、人身安全不受侵犯。人格尊严是公民的一项基本权益，我国宪法第三十八条规定，中华人民共和国公民人格尊严不受侵犯。医师在执业活动中，有时因为医患矛盾，引起患者或其家属侵犯医师的人格尊严和人身安全，如侮辱、诽谤、谩骂甚至殴打医师，影响极为恶劣，严重干扰医师正常的执业活动。从医师权利这个角度来说，医师在执业中，对侵犯自己人格或威胁自己人身安全的言论或行为，有权采取必要措施或要求有关部门协助予以制止。一切扰乱医疗秩序、谩骂或殴打医师的行为都是违法行为，应当受到社会舆论的谴责和法律的制裁。侵犯医师人格尊严、人身安全，造成损害的，必须依法承担法律责任。

（六）获得经济待遇权

经济待遇是指社会给予某一职业从业者的物质报酬，包括工资、津贴、福利等。这是医师维持个人和家属生活，保持其工作能力的基本保证。获取工资报酬和津贴，是指医师有权要求所在单位及其主管部门根据国家有关规定，按时、足额地支付工资报酬。工资报酬通常应当包括国家规定的医师职务基本工资以及加班和夜班报酬、奖金等；津贴包括国家对医师行业所专门规定的特殊补贴和其他各种补贴、政府的政策性补贴等在内的工资性收入。享受国家规定的福利待遇，指从事特定医疗业务的人员，如放射性医疗业务的医师等，应当享受相应的福利待遇。各级人民政府和卫生行政部门以及医疗、预防机构，应当依照本法的规定，切实保证医师的这项权利得到不折不扣的落实。

（七）民主管理权

医师是医疗卫生队伍的主要力量，在医疗预防保健第一线工作，他们熟悉业务，了解情况，密切联系群众。他们最有权对所在机构的医疗、预防、保健工作和卫生行政部门的工作提出意见和建议，并依法对所在医疗机构的工作进行民主管理。医师对所在医疗机构的医疗、预防、保健工作和卫生行政部门的工作享有批评权和建议权，有利于调动广大医师对搞好医疗卫生工作的主动性和积极性，有利于对医疗机构和卫生行政部门的工作进行监督，及时发现问题和改进工作。医师所在机构的工作人员和卫生行政部门的工作人员不得压制医师的批评建议，更不允许对医师进行打击报复。医师依法参与所在机构的民主管理，参与讨论决定所在机构有关医师切身利益的重大事项，将有助于保障医师的民主权利和医师的社会地位，提高医疗机构的管理水平、医学专业技术水平和诊疗质量，促进医疗卫生的健康发展。

医生的权利主要是一种资格权，同时也是一种职业权。我国《执业医师法》及其他卫生行政法规规定了医生的任职条件，如果达到了此条件，就具有了做医生的资格，自然也就有了诊断治疗权、出具诊断证明权等医师权利。这些权利是法律赋予医生这一行业的职业特权，其他任何人则无权实施，否则将要承担法律责任。

同时，医生在执业时所享有的权利不同于公民以个人资格所享有的权利。公民个人所享有的权利是指法律规定和保护公民具有从事一定行为的能力和资格，但并不意味着法律要求他必须实施这一行为，公民的权利可以转让（如将自己的财产赠与他人），有的也可放弃（如放弃继承权）。而医生所享有的职业权利不仅是指法律规定他有从事一定行为的能力或资格，而且意味着法律要求他必须从事这一行为，既不能转让，也不能放弃，否则就是失职或违法。例如，医生享有诊断治疗权，但如果病人前来就诊，医生不给其看病，并做出诊断和采取必要的治疗措施，那么，医生的这种行为就是一种违法失职行为，将要承担其不作为的法律责任。因此，从这个意义上讲，医生所享有的职业权利，同时也是他所必须履行的职业义务，医生这种职业上的权利与义务一体就是社会通常所讲的医生的职责。

在实践中，医者的权利是多方面的，它往往超越法学视野，需要从伦理道德的角度加以分析。如医务人员有维护病人身心健康的权利。这一权利是医务人员的专业职权，应不受医学以外的任何因素干扰。对社会或病人一些有害于健康的活动和行为，医务人员有权向其提出劝告、给予制止或向有关部门反映。对国家或部门不慎下达的有害于健康的政策，医疗部门有权要求撤回或修改。

第二节　医患双方的义务

一、患方的义务

和谐医患关系的维系不仅需要医方履行自己的责任，正确行使自己的权利，也需要患方履行自身的义务。在医疗过程中，如果只是过多地要求医方尽职尽责，而忽视了患方的配合与合作，同样不利于医患关系的和谐与维系。具体来讲，患方的义务包括：

（一）配合医方诊疗的义务

在医患关系中，双方当事人必须密切配合。体现在患方方面，患方应如实陈述病史、病情、按医嘱进行各项检查并按医师的指示接受治疗。如果由于患方的错误陈述或不与医方配合导致诊疗失误，医方不承担民事责任。《医疗事故处理条例》第三十三条第五项规定："因患方原因延误诊疗导致不良后果的"不属于医疗事故。因为造成这类医疗事件的过错在患方，医方不存在过失。《条例》做出这样的规定，并不是为了推卸医方的责任，最终是为了更好地保护患方的合法权益。因为要想取得对疾病治疗的满意效果，医师正确的诊断和治疗固然重要，但病员及其家属的密切配合必不可少。

（二）遵守医院规章制度，尊重医务人员及其劳动的义务

为发挥医院职能，提高医疗质量和工作效率，保障正常工作秩序，患者必须自觉遵守医疗卫生机构各种规章制度，尊重医务人员的辛勤劳动，尊重医务人员的人格尊严。如住院病人不能随意离开医院，患者不得擅自修改医嘱等。《中华人民共和国执业医师法》第四十条规定："阻碍医师依法执业，侮辱、诽谤、威胁、殴打医师或者侵犯医师人身自由、干扰医师正常工作、生活的，依照治安管理处罚条例的规定处罚；构成犯罪的，依法追究刑事责任。"《医疗事故处理条例》第五十九条规定："以医疗事故为由，寻衅滋事、抢夺病历资料，扰乱医疗机构正常医疗秩序和医疗事故技术鉴定工作，依照刑法关于扰乱社会秩序罪的规定，依法追究刑事责任；尚不够刑事处罚的，依法给予治安管理处罚。"这些规定表明，患方在行使自己就医权利的同时，也必须履行遵守医院规章制度、尊重医务人员及其劳动的义务。

（三）给付医疗费用的义务

医疗费用包括诊疗、处方、检验、药品、手术、处置、住院等各种费用的总和。从某种意义上说，医疗服务是一种特殊的商品，它并不以治疗是否有效或是否成功作为收取费用的前提，哪怕是治疗失败，只要医生付出了劳动，并且尽职尽责、尽心尽力，就应当得到报酬，病员不能以失败为理由拒付医疗费。这是因为人的生命是复杂的，个体之间有很大的差异，生命科学总有许多疑难问题需要探讨，许多因素都可能影响治疗效果。而且临床医学目前尚未完全脱离经验科学阶段，许多临床治疗仍是试验性的。另一方面，医生通常并不承诺疗效和保证治愈，医生在与病员签订的医疗契约（如手术签字）中通常已说明治疗有可能失败，而且医生在实施治疗时一般都让病员及其家属知情并且取得他们的同意。因此，只要医生按医疗原则诊治病员，没有医疗过失或虽有过失但未造成不良后果，病员都应按规定缴纳医疗费。医师若有强制诊疗义务时（如对未交纳医疗费用的急危重症患者），不得主张患者未付报酬而拒绝治疗[①]。然而，由于强制诊疗义务的履行，也使我国目前的医疗实践陷入两难的境地，不少医院都被医疗欠费所困扰。据2004年1月14日的《成都日报》报道，重庆市急救医疗中心去年"无主病人"欠费达159万元，重庆医科大学附二院仅"120"送来的"无主病人"欠费就超过30万元，全市市级医院"无主病人"欠费总计840万元，相当于一家三级甲等医院一年的财政补助。《民主与法制时报》报道，北京市儿童医院自1955年成立以来，至今累计个人欠费200多万元。北京朝阳医院1958年至1999年，共发生欠费708万多元，其中，1990年以前的欠费约30万元，1990年以后的有678万多元。深圳市属医院1997年至1999年，病人拖欠费用996.5万元，到2000年底累计达4000万元。这一系列数字，令不少医院对无钱交费的病人望而生畏。但如果拒绝治疗又为法律所不容，医院进退不能。因此，有关人士呼吁尽快建立社会医疗救助基金，解决医疗欠费问题，消除医院的后顾之忧。

二、医方的义务

根据《中华人民共和国执业医师法》、《医疗事故处理条例》及《医疗机构管理条例》

① 龚赛红. 医疗损害赔偿立法研究. 北京：法律出版社，2001，40

等法律法规的规定，在医患关系中医方的法律义务主要有：

（一）遵守法律法规及技术操作规范的义务

医务人员作为公民应当在遵守国家宪法和法律的同时，还必须遵守有关的医疗卫生管理法律、行政法规、部门规章和诊疗护理规范、常规。这是医生在诊疗服务中的最主要义务，同时也是医生作为行政相对人应向医疗机构履行的最基本职责。因为遵守卫生法律法规及各项规章制度、规程是避免医疗过错和医疗事故的第一道防线，也是判定医务人员的行为是否构成医疗事故的重要依据。

宪法和法律是国家机关、政党、社会组织和公民一切活动的基本行为准则，任何组织和公民都必须遵守宪法和法律。医务人员模范地遵守宪法和法律，同时严格遵守技术操作规范，对于依法从事执业活动，保障对患者的诊断与治疗，做好医疗卫生工作，具有重要的意义。每个行业都有其专业特点和特殊性，对从业人员都有相应的技术操作规范。医务人员在执业过程中自觉遵守技术操作规范，是医疗工作这一特殊活动对医务人员的起码要求。医疗活动中的技术操作规范一般包括国务院卫生行政部门以及医疗、预防、保健机构根据行业、本机构的特点而制定的一系列规章、条例、制度、要求以及有关的通知，如：岗位责任制度、医疗工作制度、急症抢救制度、手术管理制度、技术常规等。医疗技术操作规范是医疗工作客观规律的反映，其中不少是属于工作内容、工作程序和工作方法的条理化、定型化，是医疗、预防、保健机构科学管理的基础。

（二）如实记载和妥善保管病历的义务

病历不仅是解决医疗纠纷时认定责任有无的最直接、最有力的佐证，也是记载患者病史资料，进行医学观察、研究或提供医学证明的重要依据。因此，许多国家都将如实记载病历规定为医生的义务，一旦记载失实被查证属实，医生将承担相应的法律责任。《医疗事故处理条例》第八条规定，“医疗机构应当按照国务院卫生行政部门规定的要求，书写并妥善保管病历资料；因抢救急危患者，未能及时书写病历的，有关医务人员应当在抢救结束后6小时内据实补记，并加以注明。”卫生部颁布的《医疗机构管理条例实施细则》第五十三条规定：“医疗机构的门诊病历的保存期不得少于15年；住院病历的保存期不得少于30年。”

（三）如实告知和说明的义务

《执业医师法》第二十六条规定：“医师应当如实向患者或者其家属介绍病情，但应注意避免对患者产生不利后果”。《医疗事故处理条例》第十一条规定：“在医疗活动中，医疗机构及其医务人员应当将患者的病情、医疗措施、医疗风险等如实告知患者，及时解答其咨询。”《医疗机构管理条例实施细则》第六十二条规定：“在实施手术、特殊检查、特殊治疗时，应当向患者作必要的解释。因实施保护性医疗措施不宜向患者说明情况的，应当将有关情况通知患者家属。”这些规定，都充分体现了医疗机构及其医务人员所承担的告知说明义务。

在医疗活动中，医疗机构及其医务人员应当履行的告知义务主要有：就诊医疗机构和医务人员基本情况、医学专长等；医院规章制度中与其利益有关的内容；医疗机构及其医务人员的诊断手段、诊断措施；所采用的治疗仪器和药品等的疗效、副作用等问题；手术的成功率、目的、方法、预期效果，手术过程中可能要承受的不适和麻烦以及手术不成功可能预见到的后果、潜在危险等；患者的病情；患者所患疾病的治疗措施；患者大约需要支付的费用。

（四）抢救及转诊的义务

《执业医师法》第二十四条规定："对急危患者，医师应当采取紧急措施进行诊治；不得拒绝急救处置。"《医疗机构管理条例》第三十一条规定："医疗机构对危重病人应当立即抢救。对限于设备或者技术条件不能诊治的病人，应当及时转诊。"抢救急危患者，是医务人员执业时经常会遇到的情况，如果处理不好，可能会造成医疗纠纷或者严重后果，产生不好的影响。1986年9月18日卫生部发布的《关于进一步加强急诊抢救工作的补充规定》要求，凡急诊抢救病人不受划区医疗限制，抢救急、危、重病人在病情稳定以前不许转院，因首诊医院病床、设备和技术条件所限需要转院而病情又允许转院的，必须由首诊医院同有关方面联系获允，对病情记录、途中注意事项、护送等都要做好交代，妥善安排。对需要紧急抢救的病人，不能因为强调挂号、缴费等手续延误抢救时机，有紧急手术抢救指征的急诊抢救病人应立即直接送手术室。

（五）保护患者隐私的义务

《执业医师法》第二十二条规定：在执业活动中，医师应"关心、爱护、尊重患者，保护患者隐私"。《医务人员医德规范及实施办法》第三条规定：在医疗活动中，医务人员应当发扬人道主义精神，关心、爱护、尊重患者，不但应医治患者躯体上的病痛，而且应慰藉、感动患者的心灵。同时，由于医疗活动的特点，病人主动或被动地向医务人员介绍自己的病史、症状、体征、家庭史以及个人的习惯、嗜好等隐私和秘密，这些个人的隐私和秘密应当受到保护。而且越来越多的人认为病人的病情、治疗方案也属于当事人的隐私，也应当受到保护。患者找医务人员就医，对医务人员是高度信任的，甚至把自己的性命都交给了医务人员，因此，医务人员有义务保护患者的隐私。

第三章　医疗纠纷的认定和分类

明确医疗纠纷的分类，把握医疗纠纷的认定，对于我们正确地、有针对性地预防医疗纠纷，处理医疗纠纷具有重要意义，本章即将对这一问题进行论述。

在正确认识医疗纠纷的概念和理论之后，我们明确了医疗纠纷具有复杂性、多样性等特点。在现实医疗工作中，我们需要结合医疗纠纷自身的特点，对其加以区别和分类，熟悉掌握不同医疗纠纷的性质、内容和后果等方面的知识，正确对待医疗纠纷，认真分析医疗纠纷产生的原因，判定医疗纠纷的性质，以便广大医学生实践工作中，做到积极预防和防范，达到尽可能避免医疗纠纷发生的目的。我们将医疗纠纷作如图3-1所示的分类：

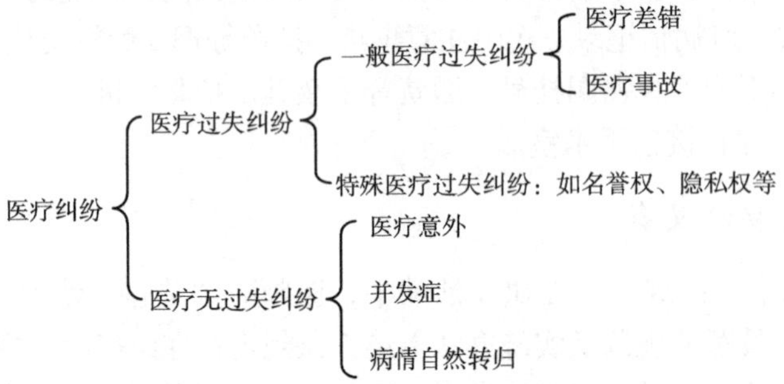

图3-1　医疗纠纷分类

患者，男性，48岁，因“车祸致右小腿疼痛、活动受限1小时” 于2005年4月6日急诊入院，入院诊断：①右胫腓骨多发粉碎性骨折；②右踝关节脱位。当天进行了“右胫腓骨切开复位内固定术”。4月22日伤口愈合拆线处理，期间，患者曾诉有右患肢疼痛、足背皮肤麻木，主管医生给予对症处理后症状缓解，未再行详细专科检查。5月16日患者转院治疗。6月7日外院X线片示：右侧髋关节脱位。6月8日CT检查示：右股骨头粉碎性骨折、右髋臼粉碎性骨折伴右髋关节脱位。6月25日行人工全髋关节置换。后患者以原转出医院过失造成人身损害为由要求赔偿10万元。2006年8月18日医学会鉴定结论认为，医院未作细致、全面的检查，对患者症状判断不准确，造成漏诊。但是，医院漏诊行为与患者右股骨头及右髋臼粉碎性骨折无因果关系，且未造成新的损害事实，因此不构成医疗事故。最后患者与医院协议解决该纠纷。

这是一个典型的医疗纠纷，且其属于一般医疗过失纠纷中的医疗差错，而非医疗事故。下面，我们对医疗纠纷的分类和认定进行相应的探讨和分析。

第一节　医疗过失纠纷与医疗无过失纠纷

根据医疗机构及医务人员主观上是否存在过失为标准，将医疗纠纷分为医疗过失纠纷和医疗无过失纠纷。

（一）医疗过失纠纷含义

医疗过失纠纷是指医疗机构及医务人员在诊疗过程中存在一定过失行为引起的医疗

纠纷。这里所称的过失行为，包括疏忽大意的过失和过于自信的过失。疏忽大意的过失是指根据医务人员的专业技术水平和岗位职责要求，应当预见到并可以预见到自己的行为可能对病人造成一定危害结果，因为疏忽大意而未能预见到，致使一定的危害结果的发生。如对病人病史采集、检查和处理不全面、不仔细、马虎大意；擅自做无指征和有禁忌证的手术和检查；对应当预见的手术风险没有预见等。过于自信的过失是指医务人员虽然预见到可能发生的危害结果，但轻信凭借自己的技术、经验或有利的客观条件能够避免发生，导致诊断和治疗上的失误，致使危害结果的发生。如遇到不胜任的技术操作，擅自强行完成等。

（二）医疗无过失纠纷含义

医疗无过失纠纷是指医疗机构及医务人员在诊疗过程中无过失行为引起的医疗纠纷。这类纠纷多半因为病人或其家属对治疗过程中出现的某些问题或者治疗结果不理解而导致。如在紧急情况下为抢救垂危患者生命而采取紧急医学措施造成不良后果；在医疗活动中由于患者病情异常或者患者体质特殊而发生医疗意外；在现有医学科学技术条件下，发生无法预料或不能防范的不良后果；疾病的自然转归；出现并发症或无法预料的不良后果；无过错输血感染造成的不良后果；因不可抗力造成不良后果；病人及其家属不配合治疗，或者患者违反医院有关规章制度。诸如此类行为，虽然在客观上引起了一定纠纷的发生，但是因医疗机构或医务人员在医疗活动中并无过失而区别于医疗过失纠纷。

（三）医疗过失纠纷的分类和认定

（1）根据医疗过失行为侵犯病人权利的客体不同，分为一般医疗过失行为引起的纠纷，简称一般医疗过失纠纷；特殊医疗过失行为引起的纠纷，简称特殊医疗过失纠纷。

一般医疗过失纠纷是指因医疗机构及其医务人员过失行为直接侵犯病人生命健康权的纠纷，即造成死亡、残疾或功能障碍等人身损害后果的纠纷。

特殊医疗过失纠纷是指因医疗机构及其医务人员过失行为直接侵犯病人肖像权、名誉权、隐私权、知情同意权、自主选择权等权利，并造成财产损失和人身损害后果的纠纷。如对特殊检查和手术治疗的风险，未进行充分告知，未签署书面同意书；未详细告知不同手术方案的效果，致使病人无法正确选择；在治疗过程中或治疗后，未及时告知病人需要注意的事项等；未经病人同意进行试验性研究；为了宣传新技术治疗方法及疗效，在报纸、电视等媒介物上使用病人真实姓名、照片等资料信息；特殊病人（如艾滋病人、精神病人等）的诊断和病情可能涉及的名誉权和隐私权问题；未经病人许可向第三方透漏病人病情等侵权行为。

（2）根据一般医疗过失行为造成人身损害后果的程度为依据，将一般医疗过失纠纷分为医疗差错和医疗事故。

医疗差错是指医疗机构及其医务人员在诊疗护理中虽然存在一定的过失行为，但未造成病人明显人身损害后果的医疗纠纷。如存在漏诊但未造成病人死亡、残疾、功能障碍的；存在误诊但不存在误治；存在未严格履行“三查七对”制度发错药、打错针而未造成明显人身损害后果；病历书写不规范（如记录档案不完整、不及时、不准确）等。

医疗事故是指医疗机构及其医务人员在医疗活动中，违反医疗卫生管理法律、行政法规、部门规章和诊疗护理规范、常规，过失造成人身损害的事故，即《医疗事故处理条例》中所规定的医疗事故。如对危重病人未积极履行抢救义务致使病人死亡；对病人疾病延误诊断治疗致使病人残疾、功能障碍；对可以预见的手术风险未能够给予充分的重视，致使出现并发症后未能及时有效处理；擅自离岗、责任心不强对病情变化未能做出及时处理等。同时，构成医疗事故必须具备四个构成要件：其一，主体是医疗机构及其医务人员；其二，行为的违法性，即违反医疗卫生管理法律、行政法规、部门规章和诊疗护理规范、常规；其三，存在一定损害后果；其四，医疗过失行为与损害后果之间存在因果关系。只有当同时具备上述四个构成要件的，医疗事故才能被认定成立，否则，不能认定为医疗事故。

（四）认定医疗无过失行为中注意的问题

对于医疗无过失纠纷，我们需要提醒大家正确熟悉和掌握三个概念性问题，即医疗意外、并发症以及不可抗力。

（1）医疗意外是指由于病情或病人体质特殊而发生难以预料和防范的不良后果。其具有两个基本特征：其一，病人死亡、残疾或功能障碍的不良后果发生在诊疗护理工作中；其二，不良后果的发生，是医务人员难以预料和防范的，或者是不能抗拒或者不能够预见的原因引起的。如：各种符合规范和常规的药物过敏试验及治疗发生的过敏反应；术中或术后发生呼吸、循环骤停及其他器官功能衰竭等意外。再如一平素体健的病人既往无高血压病史，也无其他病史，因胃部不适到医院门诊就医，并行胃镜检查。检查前，病人无异常。整个检查过程顺利，病人也未诉不适。检查后，病人突然出现昏迷，检查确诊为脑出血，经积极抢救无效后宣布临床死亡。后法医病理解剖也未发现脑部血管畸形或其他病变，仅符合高血压脑出血的病理改变。本案例属于典型的医疗意外事件，大家可以加以分析总结。

（2）并发症是指能够预见但却不能避免和防范的不良后果，其具有两个基本特征：其一，并发症是发生在原有疾病之上；其二，并发症能够预见但难以避免和防范。如高血压容易引起心血管系统、脑血管、肾脏及眼等重要脏器合并症；虽经正确诊断和及时治疗，急性阑尾炎仍并发穿孔引起广泛性腹膜炎；由于手术部位存在严重粘连、解剖关系不清造成周围组织损伤；术后伤口愈合不良、感染；食道支架置入术后发生支架移位、脱落等。

（3）不可抗力根据我国法律规定，是指不能够预见、不能够避免并不能够克服的意外情况。如自然灾害引发停电事故等。

第二节 医疗纠纷的其他分类

除了根据医方有无过失将医疗纠纷分为过失纠纷和无过失纠纷之外，对于医疗纠纷还可以按其他标准进行分类。根据引起纠纷的行为性质，可以分为医疗服务纠纷（包括医风医德、服务态度、医疗收费等方面）、医疗质量纠纷（包括诊疗水平、护理水平、治疗效果等方面）和就医过程中非医疗活动引起的纠纷（如在医疗场所内发生与诊疗行为无关的纠纷，如丢失财物、意外滑倒、跌倒受伤、自杀等）。

（一）医疗服务纠纷

医疗服务纠纷又称“窗口服务”纠纷，是指医疗机构及其医务人员在提供医疗服务过程中，因医务人员工作责任心不强、工作态度不好、解释不耐心、语言使用不当、医疗收费不合理、服务设施不齐全等原因造成病人及家属不满意引起的纠纷。如对病人询问与疾病有关的问题，医生表现得不耐烦、不理睬甚至态度蛮横、出言不逊、恶语伤人；病房环境脏、乱、差；收费项目和价格不规范；索要、收受“红包”等。此类纠纷在现实纠纷处理中较为常见，也比较容易防范和化解，其关键在于加强医务人员的医学职业道德培训，提高自身文化素养，构建医院和谐文化。

（二）医疗质量纠纷

医疗质量纠纷是指医疗机构及其医务人员在诊疗活动中，因管理不善、规章制度落实不到位、质量控制不严、诊疗水平不高、操作不规范等原因造成病人误解甚至人身损害引起的纠纷。其包含了前面所述的医疗过失纠纷和无过失纠纷。如病历书写不完整、不准确；检验报告不准确；医学检查不详细造成误诊、漏诊；未严格执行首诊负责制度、三级查房制度、“三查七对”制度；手术误伤组织或器官；管理不到位造成不良后果；违规使用外购药品或医疗器械等。此类纠纷一旦发生，就极可能产生严重的后果，也难以防范和化解，关键在于完善和落实各项规章管理制度，强化“三基”培训，提高诊疗技术水平，保证医疗质量与安全。

（三）就医过程中非医疗活动引起的纠纷

就医过程中非医疗活动引起的纠纷多数情况是以医疗机构及医务人员是否尽到谨慎注意义务为判定标准的。所谓谨慎注意义务，是指对可能预见到的对病人人身财产造成损害的危险加以提醒和注意的具体要求。如提醒住院病人注意自行保管贵重物品财物；对擅自出走病人的及时报告义务；对可能有自杀倾向病人的必要防护注意义务；防止病人滑倒所采取的必要注意义务；院内施工期间要有必要的提醒警示义务等。另外，还有除了病人及家属以外的第三人（如保险公司，交通事故肇事方、其他造成病人人身损害的侵权方），因纠纷、诉讼、保险赔偿等事宜，对医疗机构及其医务人员所提供的医学证明或治疗有异议而产生纠纷。这也将会成为广大医学生在今后实践中值得注意的问题。

（四）其他涉及民事责任的纠纷

其他涉及民事责任的纠纷就是前面我们所提到的几种特殊医疗过失纠纷，主要涉及病人肖像权、名誉权、隐私权、知情同意权、自主选择权、财产权等权利，但未造成人身损害后果的纠纷。对这类纠纷而言，其需要承担停止侵害、消除影响和恢复名誉、赔礼道歉、赔偿损失等相应的民事责任。在这里我们主要讲述涉及肖像权、名誉权、隐私权和财产权方面的纠纷，以加深大家的理解。

1. 肖像权　我国《民法通则》第一百条规定：“公民享有肖像权，未经本人同意，不得以营利为目的使用公民的肖像”。肖像权是指公民对自己的肖像在制作和使用上的专属和排他权利。该类侵权纠纷主要表现为：未经病人同意，为宣扬医疗技术水平，使用术前术后对比照片；为吸引病人，增加医院知名度，未经个人允许，在广告牌或宣传画上使用他人肖像等行为。

2. 名誉权　我国《民法通则》第一百零一条规定：“公民、法人享有名誉权，公民的人格尊严受法律保护，禁止用侮辱、诽谤等方式损害公民、法人的名誉”。名誉权是指公民对自己在社会生活中所获得的社会评价享有不可侵犯的权利。包括对个人素质、品德、才能、信誉等方面的社会评价。该类侵权纠纷主要表现为：对于一些性病、皮肤病、流产等疾病，在公众面前进行宣扬或侮辱；未经详细检查妄下诊断，如精神病，造成病人受到歧视等行为。

3. 隐私权 我国《民法通则》虽然没有明确关于隐私权的规定，但是最高人民法院的《意见》第一百四十条规定："以书面、口头等形式宣扬他人的隐私，造成一定影响的，应当认定为侵害公民名誉权的行为"。民法学界对隐私权也有多种不同的观点，笔者认为，隐私权即是公民自己享有的不愿意被他人所知道的私隐和秘密，包括身体、健康状况、生活等内容。该类侵权行为主要表现为：泄漏病人疾病史、生活史、婚姻史；未经妇女同意允许他人观摩隐私部位检查；向他人提供有关病人病历资料等行为。

4. 财产权 我国《宪法》第十三条规定："公民的合法的私有财产不受侵犯"。《民法通则》第七十五条第二款规定："公民的合法财产受法律保护，禁止任何组织或者个人侵占、哄抢、破坏或者非法查封、扣押、冻结、没收"。财产即是指由公民合法取得依法占有、使用、收益和处分的个人财产，如收入、储蓄等。该类侵权行为主要表现为：盲目、重复检查；开出不必要的检验项目；无故延长住院时间；乱开处方等致使病人支付额外医疗费用，增加病人经济负担的行为。

第四章　医疗纠纷诉讼的举证规则与医疗纠纷鉴定

李某系华阳镇卫生院妇产科医生，凭着自己多年的从医技术，在家中私自开设诊所。2003年11月6日19时许，杜某怀孕第三胎来到李某家等待分娩，李下班后为其接生，至深夜23时55分，杜某产下一女婴，杜某产后大出血不止，李某采取措施，但大出血未得到有效控制，至凌晨2时许，李某陪同杜某到市第四人民医院住院治疗，直至2003年11月18日出院。杜某在住院期间其子宫被行切除术，构成七级伤残。

杜某认为子宫被切除是由于李某在接生过程中技术处理不当大出血后没有及时抢救所造成的，遂向法院起诉要求李某赔偿损失54 000元。李某则辩称其在接生过程中没有任何技术上失误，也没有贻误抢救时间，出现大出血是因杜某自身凝血功能障碍所致，李某申请对医疗行为与损害结果之间有无因果关系进行鉴定。

经医学会鉴定认为：①患者在李某家中分娩，无任何记录及相关资料可供参考，根据病情分析，患者产后大出血诊断成立。②李某家中不具备抢救设施，无法进行及时的救治，使杜某丧失了最佳治疗时机，这是导致其子宫切除的原因之一。

法院根据上述证据，做出如下判决：被告李某未经有权机关批准私设诊所，其行为具有违法性。在产妇出现大出血以后，由于李某家中不具备抢救设施，丧失了最佳抢救时机，由此造成并扩大了原告的损害后果，李某的行为与原告杜某的损害后果之间有因果关系，该事实已被医学会鉴定结论所证明。李某主张原告凝血功能障碍是出血原因，因无证据证明不予支持。原告杜某第三次分娩不到正规医院生产，而选择在私人家中，具有自冒风险的心理，对损害结果的发生也有过错。据此，判决李某承担主要责任，赔偿3万元，其余损失由原告杜某自己负担。判决后，李某不服，提出上诉，二审判决驳回上诉，维持原判。

在上述案例中，医生李某不能提供证据证明杜某自身存在凝血功能障碍以及医学会对李某的医疗行为是否存在过错、与杜某的人身伤害之间是否存在因果关系，涉及医疗纠纷诉讼的举证规则与医疗事故鉴定程序。

第一节　医疗纠纷诉讼的举证规则

一、民事诉讼举证规则的含义

医疗纠纷诉讼属于民事诉讼，因此学习医疗纠纷诉讼的举证规则应首先了解民事诉讼的举证规则。民事诉讼的举证规则是指对诉讼中需要查明的事实，民事诉讼法规定由谁提供证据证明。通俗地讲，民事诉讼的举证规则就是关于举证责任的分配规则。

在不同类型的民事诉讼模式下，民事诉讼举证规则的内容不同：在职权主义的民事诉讼模式下，举证责任主要由审判机关承担；在当事人主义的诉讼模式下，举证责任主要由当事人承担；在兼具职权主义与当事人主义特征的混合诉讼模式中，举证责任根据证明的对象不同，由不同的主体承担，即有的事实由审判机关承担举证责任，有的事实由当事人承担举证责任。

我国民事诉讼具有明显的当事人主义的特征，举证责任主要由当事人，即原告与被告承担，在诉讼过程表现为原告对自己的主张负有举证责任，被告对自己的主张负有证明责任，即“谁主张，谁举证”，但在一些特殊的诉讼中，从有利于查明案件事实考虑，民事诉讼法规定对一方主张的事实由对方承担举证责任，即所谓的“举证责任倒置”。

二、民事诉讼举证规则的法律后果

民事诉讼举证规则是对举证责任的分配，当负有举证责任的当事人不能提供证据时，法院将推定不利于该当事人的事实存在，并且做出判决。因此，可以说民事诉讼的举证规则直接影响诉讼的结果，在诉讼中具有重要作用。具体来说，在民事诉讼法规定“谁主张、谁举证”的举证规则时，原告将承担举证义务，当原告不能提供证据时，则法院判决其败诉；在民事诉讼法规定“举证责任倒置”的举证规则时，被告将承担举证义务，当被告不能提供证据时，则法院判决其败诉。

三、医疗纠纷诉讼的举证规则

医疗纠纷诉讼是医患双方对医疗活动中出现的患者人身伤亡后果应由哪一方对该后果承担责任而产生的诉讼。我国民事诉讼法没有直接明确规定医疗纠纷诉讼的举证规则，从医患关系中医疗信息的高度不对称的事实以及有利于查清案件事实考虑，我国关于医疗纠纷诉讼的学说几乎一致主张适用举证责任倒置的举证规则。[①]正如有的学者所主张：从实体与程序公正、诉讼经济、维护当事人合法权益的角度出发，医疗纠纷诉讼可以实行举证责任倒置，由作为被告的医疗机构承担举证责任，由其证明医疗过程中不存在过失行为，或者其过失行为与病人病情加重或死亡不存在因果关系，当医疗机构无法证明时，由其承担败诉结果。[②]该主张在医疗纠纷诉讼实践中也得到了应用。1999年11月5日，四川省泸州市中级人民法院制定了《关于审理医疗损害赔偿案件的若干意见（试行）》，规定的医疗纠纷诉讼的举证规则为：医方对自己是否有过错和违约行为，对医疗损害的因果关系负证明责任，患方对损害事实负证明责任。[③]

我国关于医疗纠纷诉讼的举证规则长期以来处于理论探讨与实践摸索阶段，诉讼法对此没有一个明确的规定，使医疗纠纷诉讼的审判实践倍感艰难。近年来，随着医疗纠纷诉讼数量的快速上升，这种现实更加突出，为此，最高人民法院于2002年4月1日颁布了《关于民事诉讼证据的若干规定》，其中第四条之（八）规定：因医疗行为引起的侵权诉讼，由医疗机构就医疗行为与损害结果之间不存在因果关系及不存在医疗过错承担举证责任。该规定第一次明确规定了医疗纠纷诉讼的举证规则，即医疗机构对医疗行为与损害后果之间不存在因果关系以及不存在医疗过错承担举证责任，换言之，医疗机构不能提供证据证明医疗行为与损害后果之间不存在因果关系，也不能提供证据证明不存在医疗过错，则推定医疗行为与损害后果之间存在因果关系，医疗行为存在过错。

在医疗纠纷诉讼中，患方提出的诉讼请求是医方的医疗行为侵犯了自己的人身权，要

---

① 龚赛红. 医疗损害赔偿立法研究. 北京：法律出版社，2001，323

② 刘京柱. 医疗事故赔偿问题研究. 法学，1998 年 7 月

③ 患者福音：“老大难”其实不难. 南方周末，1999 年 12 月 7 日

求医方对自己的人身损害承担赔偿责任。根据法律规定，只有存在以下事实，医方的医疗侵权行为成立，患方的赔偿请求才能得到法院的支持：其一，医方存在对患者的医疗行为；其二，医方的医疗行为存在过错；其三，患者人身损害的事实存在；其四，患者的人身损害与医方的医疗行为之间存在因果关系。按照"谁主张、谁举证"的举证规则，患方应当提供证据证明上述四个方面的事实存在，否则，就要承担败诉的后果。显然，按照最高人民法院《关于民事诉讼证据的若干规定》，患方无需对"医方的医疗行为存在过错以及患者的人身损害与医方的医疗行为之间存在因果关系"提供证据证明，而是由医方提供"医疗行为与损害结果之间不存在因果关系及不存在医疗过错"的证据，当医方提供的证据不能够证明医疗行为与损害后果之间不存在因果关系，也不能够证明医疗行为不存在过错，则推定医疗行为存在过错，医疗行为与损害后果之间存在因果关系，医方对患方的医疗侵权成立，患方的人身伤害赔偿请求成立。因此，最高人民法院《关于民事诉讼证据的若干规定》肯定了医方在医疗纠纷诉讼中承担部分举证责任，医疗纠纷诉讼适用了举证责任倒置的举证规则。

医疗纠纷诉讼适用举证责任倒置的举证规则，并不意味着患方不承担举证责任。根据医疗侵权赔偿责任的条件，患方在医疗纠纷诉讼中承担医疗行为存在以及人身损害存在的举证责任，如果患方不能证明则要承担败诉的后果。

四、举证责任倒置与医方的证明途径

医疗纠纷诉讼适用举证责任倒置使医方在医疗纠纷诉讼中承担"医疗行为不存在过错以及患者的人身损害与医方的医疗行为之间不存在因果关系"的举证责任。所谓医疗行为存在过错是指医务人员的医疗行为违反医疗卫生管理法律、行政法规、部门规章和诊疗护理规范、常规，主观原因可能是疏忽大意，也可能是过于自信。医方证明自己不存在医疗过错的途径主要包括：其一，医疗行为符合医疗卫生管理法律、行政法规、部门规章和诊疗护理规范、常规；其二，出现的医疗损害是目前医疗技术难以预见的医疗意外；其三，医疗过程出现了难以预料的并发症；其四，患者及其亲属不配合治疗。所谓医疗行为与患者的人身损害存在因果关系是指医疗行为是患者的人身伤害的原因，可以是患者人身伤害的唯一原因，也可以是患者人身伤害多个因素中的一个因素。医方证明医疗行为与患者人身伤害之间不存在因果关系的途径主要有：其一，患者出现的人身损害是患者的特异体质所致；其二，患者原因延误诊治；其三，患者及其亲属拒绝或者不配合治疗；其四，存在不可抗力；其五，患者及其家属存在导致患者人身伤害的错误行为。

在医疗纠纷诉讼中，虽然存在上述医方证明医疗行为不存在过错以及医疗行为与患者的人身伤害不存在因果关系的途径，但由于医方提供的证据材料主要是医方医疗过程的书面材料（即病历记录以及各种检查记录），加之审判医疗纠纷诉讼的法官医学知识缺乏，医方提供的证据材料很难使法官形成"医方的医疗行为不存在医疗过错或者医方的医疗行为与患者的人身伤害不存在因果关系"的确信，所以医疗纠纷诉讼的审判往往需要借助医学专家对医疗行为中医生是否存在过错以及医疗行为与患者的人身伤害是否存在因果关系做出专家鉴定意见。在医疗纠纷诉讼中，医学专家对医疗行为是否存在过错以及医疗行为与患者的人身伤害是否存在因果关系进行鉴定，可能是基于医方提出的申请，也可能是基于法院的委托。在医疗纠纷诉讼实践中，医方通常需要自己申请医学专家进行医疗鉴定，

Z S Y

当医学专家的鉴定结论肯定了医疗行为不存在医疗过错或者医疗行为与患者的人身损害不存在因果关系时，医方才能在医疗纠纷诉讼中胜诉。

五、医疗纠纷诉讼举证责任倒置对医方的影响

“举证责任之所在，则败诉之所在”，因此医疗纠纷诉讼适用举证责任倒置的举证规则客观上增加了医方在医疗纠纷诉讼中败诉的可能性，同时增加了患方胜诉的可能性。医疗纠纷诉讼适用举证责任倒置的举证规则存在的上述诉讼上的后果，一方面会促使医疗机构加强管理、提高医疗服务水平，努力减少患者的人身伤害，减少医患纠纷，同时医务人员从自身利益考虑则更多会采取防御性医疗，对患者“过度”检查以避免出现医疗过错，避免采取风险高的医疗措施以避免对患者造成人身伤害，最终受到损害的是患者的利益，甚至是医学的进步。这是对医疗纠纷诉讼适用举证责任倒置的举证规则应有的清醒认识！

六、对医疗纠纷诉讼适用举证责任倒置的评价

由于医方在医学知识上的优势地位以及医疗活动中患者对医方的高度信赖，医方应当对患者的医疗损害有一个“交代”，这也许是医疗纠纷诉讼适用举证责任倒置的现实根据。事实上，医学发展到今天，仍然没有摆脱经验科学的范畴，对人体以及疾病医学仍然存在很多不解之谜，同时医疗行为也是公认的一种“伤害”行为，在治疗一定疾病的同时往往会对患者产生一定“后遗症”，因此要求医方对医疗行为与患者的人身伤害之间是否存在因果关系 “交代”清楚，实在是超出了医方的能力所及。法谚云“法律不强人所难”，因此，医疗纠纷诉讼要求医方对医疗行为与患者的人身损害之间不存在因果关系承担举证责任是“强人所难”的举证规则。因此，我们认为考虑到医疗纠纷诉讼中当事人的举证能力，医疗行为与患者的人身伤害之间是否存在因果关系由法院行使职权查明有助于程序公正，保证医疗纠纷公正解决。

医疗行为与患者的人身伤害之间是否存在因果关系是一个事实问题，这个事实问题通常超出了“精通法律”的法官的认识，因此法院行使职权查明医疗行为与患者的人身伤害之间是否存在因果关系仍然需要借助医学专家的鉴定。

第二节　医疗纠纷的鉴定

一、医疗纠纷鉴定的概念

医疗纠纷鉴定又称医疗事故技术鉴定，是指医疗技术鉴定机构根据医疗纠纷当事人双方的委托、人民法院的委托或者卫生行政机关的委托，对相应的医疗事故依照法定的程序进行调查、分析、评定，并对医疗行为是否存在过错、医疗过失行为与人身损害后果之间是否存在因果关系、医疗过失行为在医疗事故损害后果中的责任程度、医疗事故等级等做出结论的活动。

由于医患双方医学知识严重的不对称以及医疗存在诸多不确定性，医疗纠纷的处理往往需要借助医学专家的认识才能认清事实，医疗纠纷鉴定实质就是专家鉴定，其目的是解决医疗事故责任承担的事实依据，所以医疗纠纷鉴定对医疗纠纷处理是非常重要的。为了

保障医疗纠纷鉴定的客观、公正，我国制定了专门规范医疗事故技术鉴定的法律规定——《医疗事故技术鉴定暂行办法》（2002年9月1日生效）。

二、医疗纠纷鉴定机构

医疗纠纷鉴定机构是指依法有权进行医疗事故技术鉴定的组织。根据2002年2月20日国务院颁布的《医疗事故处理条例》的规定，中华医学会以及地方各级医学会有权对医疗纠纷进行鉴定。我国医疗纠纷的鉴定机构具有以下特点：

1. 法定性　中华医学会以及地方各级医学会进行医疗纠纷鉴定的职权是国务院颁布的《医疗事故处理条例》明确规定的。《医疗事故处理条例》第二十一条规定：设区的市级地方医学会和省、自治区、直辖市直接管辖的县（市）地方医学会负责组织首次医疗事故技术鉴定工作。省、自治区、直辖市地方医学会负责组织再次鉴定工作。必要时，中华医学会可以组织疑难、复杂并在全国有重大影响的医疗事故争议的技术鉴定工作。

2. 唯一性　中华医学会以及地方各级医学会是进行医疗纠纷鉴定的唯一的鉴定机构，其他任何单位与个人无权进行医疗事故技术鉴定。

3. 分工明确性　中华医学会以及地方各级医学会对医疗事故技术鉴定存在明确分工，具体分工为：设区的市级地方医学会或省、自治区、直辖市直接管辖的县（市）地方医学会负责首次医疗事故技术鉴定，省、自治区、直辖市地方医学会负责再次医疗事故技术鉴定，中华医学会在必要时，负责疑难、复杂并在全国有重大影响的医疗事故技术鉴定。

三、鉴定专家库以及专家鉴定组

（一）鉴定专家库的建立

各级医学会应当建立鉴定专家库，从鉴定专家库中选取专家组成专家鉴定组进行鉴定工作。各级医学会聘用的鉴定专家库的专家应当具备以下条件：

（1）有良好的业务素质和执业品德。

（2）受聘于医疗卫生机构或者医学教学、科研机构并担任相应专业高级技术职务3年以上。

（3）健康状况能够胜任医疗事故技术鉴定工作。

符合前述条件的具有高级专业技术职务任职资格的法医可以受聘成为鉴定专家库的成员。

各级医学会在聘用专家库成员时，不受行政区域的限制，但从有利于医疗事故技术鉴定的便利考虑，应优先聘用本行政区域内符合条件的专家，当本行政区域内的相应专家不能满足建立专家库需要时，可以聘请本行政区域外的专家进入专家库。

（二）专家鉴定组的建立

专家鉴定组的成员人数应是3人以上的单数，具体组成人员由发生医疗纠纷的医患双方在医学会的主持下随机从专家库相关学科专业组中抽取，同时医患双方还各自随机抽取一个候补鉴定组成员，最后一个专家鉴定组成员由医学会随机抽取。在随机抽取确定专家鉴定组成员之前，医学会应当将专家库相关学科专业组中专家姓名、专业、技术职务、工作单位告知双方当事人。随机抽取方式确定的专家鉴定组成员有下列情况之一的，应当回避：

（1）是医疗事故争议当事人或者当事人的近亲属的。

（2）与医疗事故争议有利害关系的。

（3）与医疗事故争议当事人有其他关系，可能影响公正鉴定的。

对于专家鉴定组成员有上述回避事由的，医疗纠纷当事人有权提出回避申请，医学会应当将相应专家从专家鉴定组中撤出，经当事人签字确认后记录在案。鉴定组专家由于回避被撤出的，如果是发生纠纷的当事人确定的专家，则应增补相应当事人随机抽取的候补专家作为鉴定组成员，如果是医学会确定的专家，则应由医学会再次从专家库相关学科专家组中随机抽取。

对于涉及死因、伤残等级鉴定的，医疗纠纷双方当事人应当各自随机抽取一名法医参加鉴定组。专家鉴定组组长由专家鉴定组成员共同推选一名成员担任。

四、医疗事故技术鉴定的受理与鉴定材料

（一）医疗事故技术鉴定的受理

医学会对于医疗纠纷当事人共同委托、人民法院委托或者卫生行政机关委托的医疗事故技术鉴定，应当受理。对于下列申请医疗事故技术鉴定，医学会不予受理：

（1）当事人一方直接向医学会提出鉴定申请的。

（2）医疗事故争议涉及多个医疗机构，其中一所医疗机构所在地的医学会已经受理的。

（3）医疗事故争议已经人民法院调解达成协议或判决的。

（4）当事人已向人民法院提起民事诉讼的（司法机关委托的除外）。

（5）非法行医造成患者身体健康损害的。

医学会对于不予受理的鉴定申请，应当向当事人说明理由。

医学会受理医疗事故技术鉴定，依照规定收取鉴定费用。医患纠纷双方共同委托的，鉴定费用由双方协商预先交纳；卫生行政部门移交进行医疗事故技术鉴定的，由提出医疗事故纠纷处理的当事人预先缴纳鉴定费，经鉴定属于医疗事故的，鉴定费由医疗机构负担，经鉴定不属于医疗事故的，鉴定费由提出医疗事故纠纷处理申请的当事人负担；卫生行政部门接到医疗机构关于重大医疗过失行为的报告后，对需要移交医学会进行医疗事故技术鉴定的，鉴定费由医疗机构支付；人民法院委托的医疗事故技术鉴定，依照民事诉讼法的规定由提出鉴定申请的一方预先交纳，由败诉方负担。无正当理由不交纳鉴定费用的，医学会中止医疗事故技术鉴定。

（二）医疗事故技术鉴定的材料

医学会受理医疗事故技术鉴定的委托后，应当在5日内通知医疗纠纷双方当事人提交进行医疗事故技术鉴定所需的材料。医疗机构提交的有关医疗事故技术鉴定的材料包括下列内容：

（1）住院患者的病程记录、死亡病例讨论记录、疑难病例讨论记录、会诊意见、上级医师查房记录等病历资料原件。

（2）住院患者的住院志、体温单、医嘱单、化验单（检验报告）、医学影像检查资料、特殊检查同意书、手术同意书、手术及麻醉记录单、病理资料、护理记录等病历资料原件。

（3）抢救急危患者，在规定时间内补记的病历资料原件。

（4）封存保留的输液、注射用物品和血液、药物等实物，或者依法具有检验资格的检验机构对这些物品、实物做出的检验报告。

（5）与医疗事故技术鉴定有关的其他材料。

医疗机构无正当理由不能如实提供上述相关材料，导致医疗事故技术鉴定不能进行的，应当承担责任。

医学会有权向双方当事人以及其他组织、个人调查取证。调查取证时，调查人员的人数不得少于2人，调查取证结束，调查人员与调查对象应当在有关的调查文书上签字。

五、专家鉴定组的鉴定过程

医学会应当在鉴定7日前将鉴定的时间、地点、要求等书面通知医疗纠纷当事人，当事人应当按照通知参加鉴定。

医疗事故技术鉴定在专家鉴定组组长的主持下，按照下列顺序进行：

（1）双方当事人在规定的时间内分别陈述意见和理由。陈述顺序先患方，后医疗机构。

（2）专家鉴定组成员根据需要可以提问，当事人应当如实回答。必要时，可以对患者进行现场医学检查。

（3）双方当事人退场。

（4）专家鉴定组对双方当事人提供的书面材料、陈述及答辩等进行讨论。

（5）根据半数以上专家鉴定组成员的一致意见形成鉴定结论。专家鉴定组成员对鉴定结论的不同意见，应当予以注明。

六、医疗事故技术鉴定书的制作与送达

专家鉴定组应当根据形成的鉴定结论制作医疗事故技术鉴定书，加盖医学会医疗事故技术鉴定专用印章后送达委托人。医疗事故技术鉴定书应当包含以下内容：

（1）双方当事人的基本情况及要求。

（2）当事人提交的材料和医学会的调查材料。

（3）对鉴定过程的说明。

（4）医疗行为是否违反医疗卫生管理法律、行政法规、部门规章和诊疗护理规范、常规。

（5）医疗过失行为与人身损害后果之间是否存在因果关系。

（6）医疗过失行为在医疗事故损害后果中的责任程度。

（7）医疗事故等级。

（8）对医疗事故患者的医疗护理医学建议。

医疗事故技术鉴定书肯定构成医疗事故的，对医疗过失行为在医疗事故损害中的责任程度应当做出判断，医疗过失行为的责任程度分为以下等级：

（1）完全责任，指医疗事故损害后果完全由医疗过失行为造成。

（2）主要责任，指医疗事故损害后果主要由医疗过失行为造成，其他因素起次要作用。

（3）次要责任，指医疗事故损害后果主要由其他因素造成，医疗过失行为起次要作用。

（4）轻微责任，指医疗事故损害后果绝大部分由其他因素造成，医疗过失行为起轻微作用。

七、医疗事故重新鉴定与再次鉴定

1. 重新鉴定 卫生行政部门对医学会的鉴定结果经过审核发现参加鉴定人员资格不符合法定要求，或者鉴定人员的专业类别不符合法定要求，或者鉴定程序不符合规定，要求重新鉴定的，医学会应当重新组织鉴定。重新鉴定时不得收取鉴定费。

对于参加鉴定的人员资格和专业类别不符合规定的，应当重新抽取专家组成专家鉴定组进行重新鉴定。对于鉴定的程序不符合规定而参加鉴定的人员资格和专业类别符合规定的，可以由原专家鉴定组进行重新鉴定。

2. 再次鉴定 医疗事故纠纷的任何一方当事人对首次医疗事故技术鉴定结论不服的，可以自收到首次医疗事故技术鉴定书之日起15日内，向受理医疗事故纠纷处理申请的卫生行政部门提出再次鉴定的申请，如果双方当事人共同委托鉴定的，可以由双方当事人共同委托省、自治区、直辖市医学会组织再次鉴定。

医疗事故再次鉴定的程序与首次鉴定的程序相同。

八、医疗事故技术鉴定结论的效力

当事人没有异议的首次医疗事故技术鉴定的结论以及再次医疗事故技术鉴定的结论，卫生行政机关应当作为对医疗机构、医务人员处理的依据。

对于医疗纠纷诉讼中人民法院委托的医疗事故技术鉴定、再次鉴定结论以及当事人没有异议的首次鉴定结论，属于人民法院审判案件的法定证据之一。

第五章　医疗纠纷处理涉及的主要法律及其存在问题探讨

案例：王某因颈肩部疼痛去甲医院检查，经拍摄X线片，医生告知其颈椎部分缺失，让他住院。住院后，医师张某负责对他进行诊治，并做了结核抗体化验，化验结果呈弱阳性，张某即以X线片结果和化验结果为依据，确诊他患的是颈椎结核，做抗结核化疗。一个月后，因化疗，王某的头发脱了一大片。由于不堪忍受，他即转院到乙医院治疗。经乙医院检查化验，发现他的结核抗体呈阴性，颈椎拍片也完整，又经几位专家的会诊，一致认为他的颈椎没有疾病。既高兴又气愤的他找到甲医院，要求赔偿住院期间的费用和精神损失费。但经医学会鉴定，该医院不构成医疗事故，甲医院拒绝赔偿。

请问，该案作为医疗纠纷，甲医院能否以不是医疗事故而拒绝承担赔偿责任？如果需要承担赔偿责任，又应该依据什么法律进行赔偿？

医疗纠纷的发生一般是源于对医疗活动的性质认定以及后继的赔偿和处理等问题的争议。医疗纠纷的处理是为了认定医疗活动是否存在过失，有没有对患者造成不应有的损害，是否构成医疗事故，医方应该承担什么样的法律责任等问题。因此，医疗纠纷的处理必然涉及一系列的民事、行政和刑事法律。当然就医患纠纷而言，最主要的是涉及民事和行政法律制度。涉及的刑事法律制度，我们将在法律责任中进行介绍。

第一节　医疗纠纷处理涉及的民事法律

一般认为，医患关系的法律性质是一种医疗服务合同关系，属于民事法律调整的对象。在医疗活动中，医方因过失对患方造成不应有的损害而发生医疗纠纷，对医疗纠纷进行处理时，涉及一系列民事实体法律和民事程序法律。在我国，与医疗纠纷处理相关的民事法律主要有：《中华人民共和国民法通则》、《中华人民共和国民事诉讼法》、最高人民法院《关于民事诉讼证据的若干规定》、最高人民法院《关于审理人身损害赔偿案件适用法律若干问题的解释》、《最高人民法院关于确定民事侵权精神损害赔偿责任若干问题的解释》等。

一、民事法律对公民民事权利保护的概括规定

人身权和财产权是公民的两项基本民事权利。《中华人民共和国民法通则》（以下简称《民法通则》）第九十八条规定：公民享有生命健康权。生命健康权是公民的一项绝对权利，不受任何非法侵害，这是我国民法对公民人身权的肯定确认。《民法通则》第一百二十条第一款规定： 公民的姓名权、肖像权、名誉权、荣誉权受到侵害的，有权要求停止侵害，恢复名誉，消除影响，赔礼道歉，并可以要求赔偿损失。《民法通则》第一百零六条第二款规定： 公民、法人由于过错侵害国家的、集体的财产，侵害他人财产、人身的，应当承担民事责任。该条规定明确否定了任何非法侵犯公民人身权利、财产权利的行为。在医疗活动中，尽管医疗行为的本来动机和目的是为了治病救人，但是，只要医方在

医疗活动中因过失对患者造成了不应有的损害，对此损害和因损害带来的损失都应当承担相应的法律责任。

二、民法对损害赔偿的规定

（一）对赔偿项目的规定

在民法上，损害赔偿一般适用全部赔偿的原则，即侵权行为人承担赔偿责任的大小，应当以行为所造成的实际损害的大小为依据，无论是财产损害、人身损害还是精神损害，都应根据其过失程度对全部损失予以相应的赔偿。在医疗活动过程中，因医方的过失行为给患者造成不应有的损害时，根据我国《民法通则》第一百一十九条规定：应当赔偿医疗费、因误工减少的收入、残疾者生活补助费等费用； 造成死亡的，并应当支付丧葬费、死者生前抚养的人必要的生活费等费用。《最高人民法院关于审理人身损害赔偿案件适用法律若干问题的解释》做了进一步详细的规定，该解释第十七条规定：受害人遭受人身损害，因就医治疗支出的各项费用以及因误工减少的收入，包括医疗费、误工费、护理费、交通费、住宿费、住院伙食补助费、必要的营养费。受害人因伤致残的，其因增加生活上需要所支出的必要费用以及因丧失劳动能力导致的收入损失，包括残疾赔偿金、残疾辅助器具费、被扶养人生活费，以及因康复护理、继续治疗实际发生的必要的康复费、护理费、后续治疗费，赔偿义务人也应当予以赔偿。受害人死亡的，赔偿义务人除应当根据抢救治疗情况赔偿因就医治疗支出的各项费用以及因误工减少的收入外，还应当赔偿丧葬费、被扶养人生活费、死亡补偿费以及受害人亲属办理丧葬事宜支出的交通费、住宿费和误工损失等其他合理费用。

医方的过失行为给患方带来的不仅仅包括身体上的损害，还有精神上的损害，有时精神上的损害甚至会更大，对于因医疗过失行为给患者带来的精神损害应不应该赔偿的问题，我国《民法通则》没有明确规定，《最高人民法院关于确定民事侵权精神损害赔偿责任若干问题的解释》做了规定，该《解释》第一条规定，自然人的生命权、健康权、身体权、姓名权、肖像权、名誉权、荣誉权、人格尊严权、人身自由权，遭到非法侵害时，可以向人民法院起诉请求精神损害赔偿。《解释》第九条规定：精神损害抚慰金包括以下方式：①致人残疾的，为残疾赔偿金；②致人死亡的，为死亡赔偿金；③其他损害情形的精神抚慰金。因此，对于因医疗活动给患者造成的精神损害，医方也应当依据法律进行赔偿。

（二）对赔偿标准的规定

根据最高人民法院《关于贯彻执行〈中华人民共和国民法通则〉若干问题的意见》（以下简称《意见》）和最高人民法院《关于审理人身损害赔偿案件适用法律问题的解释》（以下简称《解释》）对赔偿的标准做了详细的规定，对于在医疗纠纷处理中，医方对患方损失的赔偿应根据如下标准：

1. 医疗费的赔偿　《意见》第一百四十四条规定，医疗费一般应以所在地治疗医院的诊断证明和医药费、住院费的单据为凭。应经医务部门批准而未获批准擅自另找医院治疗的费用，一般不予赔偿；擅自购买与损害无关的药品或者治疗其他疾病的，其费用则不予赔偿。《解释》第十九条规定，医疗费的赔偿数额，按照一审法庭辩论终结前实际发生的数额确定。器官功能恢复训练所必要的康复费、适当的整容费以及其他后续治疗费，赔偿权利人可以待实际发生后另行起诉。

2. 误工费的赔偿 《意见》第一百四十三条规定，受害人的误工日期，应当按其实际损害程度、恢复状况并参照治疗医院出具的证明或者法医鉴定认定。赔偿费用的标准，可以按照受害人的工资标准或者实际收入的数额计算。《解释》第二十条规定，受害人有固定收入的，误工费按照实际发生的收入计算。

3. 护理费的赔偿 《意见》第一百四十五条规定，经医院批准专事护理的人，其误工补助费可以按收入的实际损失计算。应得奖金一般可以计算在应赔偿的数额内。本人没有工资收入的，其补偿标准应以当地的一般临时工的工资标准为限。《解释》第二十一条规定，护理期限应计算至受害人恢复生活自理能力时止。受害人因残疾不能恢复生活自理能力的，可以根据其年龄、健康状况等因素确定合理的护理期限，但最长不超过二十年。受害人定残后的护理，应当根据其护理依赖程度并结合配制残疾辅助器具的情况确定护理级别。

4. 残疾生活补助费的赔偿 《意见》第一百四十六条规定，侵害他人身体致使其丧失全部或者部分劳动能力的，赔偿生活补助费一般应补足到不低于当地居民基本生活费的标准。《解释》第二十五条规定，残疾赔偿金根据受害人丧失劳动能力程度或者伤残等级，按照受诉法院所在地上一年度城镇居民人均可支配收入或者农村居民人均纯收入标准，自定残之日起按二十年计算。但六十周岁以上的，年龄每增加一岁减少一年；七十五周岁以上的，按五年计算。受害人因伤致残但实际收入没有减少，或者伤残等级较轻但造成职业妨害严重影响其劳动就业的，可以对残疾赔偿金作相应调整。赔偿权利人如能举证证明其住所地或者经常居住地城镇居民人均可支配收入或者农村居民人均纯收入高于受诉法院所在地标准的，残疾赔偿金可以按照其住所地或者经常居住地的相关标准计算。

5. 被扶养人生活费的赔偿 《意见》第一百四十七条规定，侵害他人身体致人死亡或者丧失劳动能力的，依靠受害人实际扶养而又没有其他生活来源的人要求侵害人支付必要生活费的，应当予以支持，其数额根据实际情况确定。《解释》第二十八条对被扶养人做了界定，指出被扶养人是指受害人依法应当承担扶养义务的未成年人或者丧失劳动能力又无其他生活来源的成年近亲属。而且还规定，如果被扶养人还有其他扶养人，赔偿义务人只赔偿受害人依法应当负担的部分。被扶养人有数人的，年赔偿总额累计不超过上一年度城镇居民人均消费性支出额或者农村居民人均年生活消费支出额。

被扶养人生活费根据扶养人丧失劳动能力程度，按照受诉法院所在地上一年度城镇居民人均消费性支出和农村居民人均年生活消费支出标准计算。被扶养人为未成年人的，计算至十八周岁；被扶养人无劳动能力又无其他生活来源的，计算二十年。但六十周岁以上的，年龄每增加一岁减少一年；七十五周岁以上的，按五年计算。

6. 丧葬费 《解释》第二十七条规定，丧葬费按照受诉法院所在地上一年度职工月平均工资标准，以六个月总额计算。

7. 死亡赔偿金 《解释》第二十九条规定，按照受诉法院所在地上一年度城镇居民人均可支配收入或者农村居民人均纯收入标准，按二十年计算。但六十周岁以上的，年龄每增加一岁减少一年；七十五周岁以上的，按五年计算。赔偿权利人如能举证证明其住所地或者经常居住地城镇居民人均可支配收入或者农村居民人均纯收入高于受诉法院所在地标准的，死亡赔偿金可以按照其住所地或者经常居住地的相关标准计算。

《解释》还规定，对超过确定的护理期限、辅助器具费给付年限或者残疾赔偿金给付年限，赔偿权利人向人民法院起诉请求继续给付护理费、辅助器具费或者残疾赔偿金的，人民法院应予受理。赔偿权利人确需继续护理、配制辅助器具，或者没有劳动能力和生活来源的，人民法院应当判令赔偿义务人继续给付相关费用五至十年。

当然，这里所说的全部赔偿并不是对一切患方的损害都由医方承担责任，而是根据医方的过错程度，对因其过错而引发的损害承担赔偿责任，如果患方对损害的发生或者扩大有故意、过失的，可以减轻或者免除赔偿医方的赔偿责任。

三、医疗纠纷处理中涉及的民事诉讼法律

在医疗纠纷的处理中，医患双方可以选择协商、调解或诉讼的方式解决纠纷。我国民事诉讼法对通过诉讼方式解决纠纷做了规定。

（一）医疗纠纷诉讼的诉讼时效

在诉讼时效方面，根据民事诉讼法一百三十六条的规定，身体受到伤害要求赔偿的适用一年的诉讼时效。民事诉讼中诉讼时效的起算点一般从知道或应当知道权利受侵害之日起计算。对于人身损害赔偿的诉讼时效的起算点，最高人民法院《关于贯彻执行〈中华人民共和国民法通则〉若干问题的意见（试行）》第一百六十八条规定："人身损害赔偿的诉讼时效期间，伤害明显的，从受伤害之日起算；伤害当时未曾发现，后经检查确诊并能证明是由侵害引起的，从伤势确诊之日起算。"显然倾向于以受害人"明确知道"为主要标准，在医疗损害赔偿诉讼中，因为损害后果的潜伏性和隐蔽性，这样的规定更有利于保护患方的权利。对于起诉时超过一年诉讼时效期限的，人民法院受理后查明没有法定中止、中断或延长事由的，将驳回诉讼请求。

（二）医疗纠纷诉讼的举证责任

民事诉讼上一般适用"谁主张，谁举证"的证据规则，当事人应当对自己提出的主张提供证据证明，没有证据或者证据不足以证明当事人的事实主张的，由负有举证责任的当事人承担不利后果。在医疗纠纷诉讼中，患方起诉要求医方赔偿损失的时候，应当提供其在医院进行相关诊治的证据，并应对其所受损失提供证据证明，比如患方在医院进行诊治的病历资料、相关的票据等，如果患方不能提供相关证据，则法院对其诉讼请求不予支持。

但是，鉴于在医疗纠纷中，患方因为医疗知识的匮乏以及对于医疗活动进程的不了解和不掌握，在举证的过程中，根据最高人民法院《关于民事诉讼证据的若干规定》第四条第八项的规定：医疗机构应当对医疗行为与损害结果之间不存在因果关系及不存在医疗过错承担举证责任。这就是所谓的在医疗损害赔偿诉讼中的举证责任倒置原则，如果医方就患者的损害不能举证证明其医疗行为无过失或医疗行为与损害后果之间没有因果关系，医方就会承担败诉的不利后果。

第二节　医疗纠纷处理涉及的行政法律法规

行政法律是指全国人民代表大会及其常务委员会制定颁布的调整行政管理活动的法

律。目前，我国与医疗纠纷处理相关的行政法律主要有《中华人民共和国执业医师法》、《中华人民共和国传染病防治法》、《中华人民共和国药品管理法》、《中华人民共和国治安管理处罚法》等。

行政法规是指国务院依据法律的规定，在其职权范围内，依据法定程序制定的规范性法律文件。目前，与医疗纠纷处理密切相关的行政法规主要有《医疗事故处理条例》、《医疗机构管理条例》、《〈中华人民共和国药品管理法〉实施办法》、《血液制品管理条例》、《麻醉药品管理办法》、《医疗用毒性药品管理办法》、《放射性药品管理办法》等。

另外，在医疗纠纷的处理中，还牵涉一些部门规章的适用。部门规章，是国务院各部委以及法律、法规授权的某些国务院直属机构制定的一些规范性法律文件。与医疗纠纷处理直接相关的有：《医疗事故分级标准（试行）》、《重大医疗过失行为和医疗事故报告制度的规定》、《医疗事故鉴定暂行办法》、《病历书写基本规范（试行）》、《处方管理办法（试行）》、《医师外出会诊管理暂行规定》、《医疗机构管理条例实施细则》、《中华人民共和国护士管理办法》等。

医疗纠纷处理涉及的行政法律法规相对较为繁杂。《医疗事故处理条例》是我国一部专门规定医疗事故处理的行政法规，加之医疗事故纠纷又是医疗纠纷中的一个重要部分，因此医疗事故处理对其他医疗纠纷的处理具有一定的借鉴和指导意义，本节主要借助医疗事故的处理，简单介绍医疗纠纷处理中涉及的行政法律法规。

一、行政法律法规对医疗纠纷发生后应采取措施的规定

1. 防止损害扩大，做好报告工作　医患双方在发生医疗纠纷后，根据《医疗事故处理条例》第十五条的规定，发生或者发现医疗过失行为，医疗机构及其医务人员应当立即采取有效措施，避免或者减轻对患者身体健康的损害，防止损害扩大。

同时，医务人员应当逐级报告，根据《医疗事故处理条例》第十三条的规定：医务人员在医疗活动中发生或者发现医疗事故、可能引起医疗事故的医疗过失行为或者发生医疗事故争议的，应当立即向所在科室负责人报告，科室负责人应当及时向本医疗机构负责医疗服务质量监控的部门或者专（兼）职人员报告；负责医疗服务质量监控的部门或者专（兼）职人员接到报告后，应当立即进行调查、核实，将有关情况如实向本医疗机构的负责人报告，并向患者通报、解释。

《条例》第十四条第一款规定：发生医疗事故的，医疗机构应当按照规定向所在地卫生行政部门报告。第二款规定“发生下列重大医疗过失行为的，医疗机构应当在12小时内向所在地卫生行政部门报告：①导致患者死亡或者可能为二级以上的医疗事故；②导致3人以上人身损害后果；③国务院卫生行政部门和省、自治区、直辖市人民政府卫生行政部门规定的其他情形。”《重大医疗过失行为和医疗事故报告制度的规定》第4条规定：“重大医疗过失行为导致3名以上患者死亡、10名以上患者出现人身损害的，医疗机构应当立即向所在地县级卫生行政部门报告，地方卫生行政部门应当立即逐级报告至卫生部；中医、中西医结合、民族医医疗机构发生上述情形的，还应当同时逐级报告至国家中医药管理局。”

2. 做好病历资料、现场实物的封存、保管以及尸体解剖工作　病历资料不仅是医疗活动过程的记录，而且当发生纠纷之后是作为证据使用的文书资料，所以要求在医疗活动过程中，医务人员应按照《病历书写基本规范（试行）》的规定客观、真实、准确、及时、

完整地做好病历记录。严禁涂改、伪造、隐匿、销毁或者抢夺病历资料。医嘱不得涂改，需要取消时，应当使用红色墨水标注“取消”字样并签名。

发生医疗事故争议时，死亡病例讨论记录、疑难病例讨论记录、上级医师查房记录、会诊意见、病程记录应当在医患双方在场的情况下封存和启封。封存的病历资料可以是复印件，由医疗机构保管。

对于疑似输液、输血、注射、药物等引起不良后果的，医患双方应当共同对现场实物进行封存和启封，封存的现场实物由医疗机构保管；需要检验的，应当由双方共同指定的、依法具有检验资格的检验机构进行检验；双方无法共同指定时，由卫生行政部门指定。对于疑似输血引起不良后果，需要对血液进行封存保留的，医疗机构应当通知提供该血液的采供血机构派员到场。

因患者死亡引发的医疗纠纷，医患双方当事人不能确定死因或者对死因有异议的，应当在患者死亡后48小时内进行尸检；具备尸体冻存条件的，可以延长至7日。尸检应当经死者近亲属同意并签字。尸检应当由按照国家有关规定取得相应资格的机构和病理解剖专业技术人员进行。承担尸检任务的机构和病理解剖专业技术人员有进行尸检的义务。医疗事故争议双方当事人可以请法医病理学人员参加尸检，也可以委派代表观察尸检过程。拒绝或者拖延尸检，超过规定时间，影响对死因判定的，由拒绝或者拖延的一方承担责任。

二、行政法律法规对医疗纠纷处理的规定

首先，应当分析医方的行为是否存在过失。这主要根据医方是否有违反卫生管理法律法规以及诊疗护理规范和常规的行为，在医疗活动中有没有尽到充分的注意义务，维护患者的各项权利。作为医方，医疗机构应当按照《医疗机构管理条例》及其实施细则的规定，在执业许可的范围内按照核准登记的诊疗科目依法行医，加强对医务人员及医疗活动的管理，当发生医疗事故时按照相关规定及时报告和处理。医务人员应按照《执业医师法》的规定，按照法律、行政法规、诊疗护理规范、常规的规定履行职责，尽充分的注意义务保护患者的各项权利。如果医方应当预见到所实施的医疗行为会对患者造成不应有的损害而没有预见或者已经预见而轻信能够避免，以至于造成患者损害的，医方存在医疗过失。

其次，分析患者所受到的损害和损失情况及与医疗过失行为的因果关系。如果双方对损害是否构成医疗事故或者医疗事故的等级存在争议的，可以根据《医疗事故处理条例》和《医疗事故技术鉴定暂行办法》的规定进行鉴定。根据《医疗事故处理条例》和《医疗事故技术鉴定暂行办法》的规定，医患双方在协商解决医疗事故争议，需要进行医疗事故技术鉴定的，由双方当事人共同书面委托负责医疗事故技术鉴定工作的医学会组织鉴定。县级以上地方卫生行政部门接到医疗机构关于重大医疗过失行为的报告或者医疗事故争议当事人要求处理医疗事故争议的申请后，对需要进行医疗事故技术鉴定的，应当书面移交负责首次医疗事故技术鉴定工作的医学会组织鉴定。

首次进行医疗事故技术鉴定，由设区的市级地方医学会和省、自治区、直辖市直接管辖的县（市）地方医学会负责组织。当事人对首次医疗事故技术鉴定结论不服的，可以自收到首次鉴定结论之日起15日内向医疗机构所在地卫生行政部门提出再次鉴定的申请。再次鉴定工作由省、自治区、直辖市地方医学会负责组织。必要时，中华医学会可以组织疑难、复杂并在全国有重大影响的医疗事故争议的技术鉴定工作。

负责组织医疗事故技术鉴定工作的医学会应当自受理医疗事故技术鉴定之日起5日内通知医疗事故争议双方当事人提交进行医疗事故技术鉴定所需的材料。当事人应当自收到医学会的通知之日起10日内提交有关医疗事故技术鉴定的材料、书面陈述及答辩。

进行医疗事故技术鉴定应当预先缴纳鉴定费。双方当事人共同委托医疗事故技术鉴定的，由双方当事人协商预先缴纳鉴定费。卫生行政部门移交进行医疗事故技术鉴定的，由提出医疗事故争议处理的当事人预先缴纳鉴定费。经鉴定属于医疗事故的，鉴定费用由医疗机构支付；不属于医疗事故的，鉴定费用由提出医疗事故处理申请的当事人支付。县级以上地方人民政府卫生行政部门接到医疗机构关于重大医疗过失行为的报告后，对需要移交医学会进行医疗事故技术鉴定的，鉴定费由医疗机构支付。

三、行政法律法规对医疗纠纷赔偿的规定

在与医疗纠纷处理相关的行政法律法规中，只有《医疗事故处理条例》对赔偿问题进行了规定。条例规定，医患双方对赔偿问题可以通过协商、调解和民事诉讼的方式解决。《条例》第四十九条规定，医疗机构应根据医疗事故等级、医疗过失行为在医疗事故损害后果中的责任程度、医疗事故损害后果与患者原有疾病状况之间的关系确定具体赔偿数额，第四十九条第二款规定：“不属于医疗事故的，医疗机构不承担赔偿责任。”也就是说医疗机构只对构成医疗事故的行为承担赔偿责任，对于不构成医疗事故的医疗过失行为，尽管造成了患者的损害和损失也不承担赔偿责任。

《条例》第五十条对医疗事故损害规定了11个赔偿项目：医疗费、误工费、住院伙食补助费、陪护费、残疾生活补助费、残疾用具费、丧葬费、被抚养人生活费、交通费、住宿费、精神损害抚慰金。对各项赔偿项目实行最高限额赔偿原则，如误工费的赔偿，按照《条例》规定，患者有固定收入的，按照本人因误工减少的固定收入计算，对收入高于医疗事故发生地上一年度职工年平均工资3倍以上的，按照3倍计算；无固定收入的，按照医疗事故发生地上一年度职工年平均工资计算。假如患者甲的月平均收入为1000元，医疗事故发生地上一年度职工年平均工资为14 400元，每个月为1200元，那么，在对甲的误工费进行计算的时候是根据甲的实际月平均工资计算；如果患者乙的月平均工资为4000元，年工资为48 000元，超过当地职工年平均工资的3倍（14 400元 × 3 = 43 200元），那么以每月3600元为标准对乙进行误工赔偿。

四、医疗纠纷处理中可能涉及的其他行政法律法规

在发生医疗纠纷后，有的患方不是按照法律规定的方法和途径去寻求医疗纠纷的解决，而是采取暴力等非法途径寻求医疗纠纷的解决，并且近年来通过暴力方式解决医疗纠纷的现象成增长之势，有的患方纠集众人围堵医院、砸烂医疗设施、在医院内大吵大闹、强占病房和办公场所、拒绝将尸体移走，扰乱医疗机构正常的医疗秩序，有的抢夺病历资料扰乱医疗事故技术鉴定工作的进行，有的甚至攻击、殴打工作人员，限制其人身自由。这种行为加剧了医患之间的不信任，不利于医疗纠纷的解决，不利于保护患者和医疗机构及其医务人员的合法权益。对此，《医疗事故处理条例》第五十九条规定：“以医疗事故为由，寻衅滋事、抢夺病历资料，扰乱医疗机构正常医疗秩序和医疗事故技术鉴定工作，依照刑法关于扰乱社会秩序罪的规定，依法追究刑事责任；尚不够刑事处罚的，依法给予

治安管理处罚。”根据《治安管理处罚法》的第二十三条第一款第一项的规定，扰乱机关、团体、企业、事业单位的秩序，致使工作、生产、营业、医疗、教学、科研不能正常进行的，处警告或者二百元以下罚款；情节较重的，处五日以上十日以下拘留，可以并处五百元以下罚款。第二款规定，聚众实施前款行为的，对首要分子处十日以上十五日以下拘留，可以并处一千元以下罚款。对于以聚众扰乱医疗机构正常的医疗秩序的方式寻求纠纷解决的患方，应当按照《治安管理处罚法》的规定，结合其情节进行相应的处罚和制裁。

五、医疗纠纷涉及的刑事法律问题

绝大多数的医疗纠纷只是涉及民事和行政法律。涉及要适用刑事法律制度的，就已经超出了纠纷的范畴。国家的公共权利必须要介入进行提起公诉。只有达到严重的后果的医疗纠纷才可能适用刑事法律。在我国刑法当中，主要涉及的罪名有：医疗事故罪、非法行医罪、非法为他人进行节育手术罪、聚众扰乱社会秩序罪等。这些罪名的构成和处罚，我们将在第七章法律责任中进行讨论。

第三节　医疗纠纷处理涉及的法律法规在适用时存在的冲突

在医疗纠纷的处理所涉及的法律法规中，存在规定不一致的问题，主要存在于有关医疗纠纷的损害赔偿方面。按照民事法律的规定，只要医方的过失行为给患者造成不应有的损害，都应当根据其过错程度对患方的损失进行赔偿，但是，作为专门处理医疗事故的行政法规《医疗事故处理条例》却规定，不属于医疗事故的，医疗机构不承担赔偿责任。

现在分析本章一开始引子中的案例，王某所受到的损害经医学会鉴定，医院不构成医疗事故，因此，甲医院根据《医疗事故处理条例》第四十九条第二款“不属于医疗事故的，医疗机构不承担赔偿责任”的规定拒绝赔偿也是有根据的。

然而，显而易见的是王某的人身权确实因为张某的过失医疗行为受到了一定的损害，受到损害而不能得到赔偿，是不符合法治社会保障公民权利的基本理念的，也不符合民法有关侵权损害赔偿精神的。法律保护公民的人身权，而不管这种权利受到侵害的程度的大小，只要受到侵害都有要求侵害方承担民事责任进而获得赔偿的权利。因此，医疗事故造成患者人身损害，需要进行赔偿。同样，那些损害没有达到医疗事故程度的过失医疗行为造成的人身损害也同样需要赔偿，只是因为损害程度的不同，患者可以得到的赔偿额度不同而已。

另外，在赔偿项目和标准上也存在不一致的现象。《医疗事故处理条例》规定了11个赔偿项目：医疗费、误工费、住院伙食补助费、陪护费、残疾生活补助费、残疾用具费、丧葬费、被抚养人生活费、交通费、住宿费、精神损害抚慰金。

民法上对损害赔偿规定的项目有：医疗费、误工费、护理费、交通费、住宿费、住院伙食补助费、营养费、残疾赔偿金、残疾辅助器具费、丧葬费、被扶养人生活费、死亡赔偿金、精神损害抚慰金。民法在赔偿项目上比条例的规定多出营养费和死亡赔偿金，其中按照最高人民法院《关于审理人身损害赔偿案件适用法律若干问题的解释》的规定：死亡赔偿金按照受诉法院所在地上一年度城镇居民人均可支配收入或者农村居民人均纯收入标准，按二十年计算。但六十周岁以上的，年龄每增加一岁减少一年；七十五周岁以上的，按五年计算。按照这一规定，死亡赔偿金是一笔不小的财产。

对于精神损害抚慰金，《医疗事故处理条例》第五十条规定：按照医疗事故发生地居民年平均生活费计算。造成患者死亡的，赔偿年限最长不超过6年；造成患者残疾的，赔偿年限最长不超过3年。”可以看出《条例》中只规定了两种类型的精神损害抚慰金，即死亡赔偿金和残疾赔偿金，对于没有死亡或者不构成残疾的患者，不给予精神损害抚慰金。《最高人民法院关于确定民事侵权精神损害赔偿责任若干问题的解释》第九条规定：“精神损害抚慰金包括以下方式：①致人残疾的，为残疾赔偿金；②致人死亡的，为死亡赔偿金；③其他损害情形的精神抚慰金。”对于虽然没有造成患者死亡或者残疾的，也可以请求精神损害赔偿。

在民事法律和《医疗事故处理条例》在对医疗纠纷损害赔偿的规定上存在诸多不一致，这种不一致将导致在处理医疗纠纷的具体实践中出现依据不同的法律规范进行处理出现不同结果的不合理现象。2003年1月6日，最高人民法院发布的《关于参照〈医疗事故处理条例〉审理医疗纠纷民事案件的通知》第三点规定：条例施行后，人民法院审理因医疗事故引起的医疗赔偿纠纷民事案件，在确定医疗事故赔偿责任时，参照条例第四十九条、第五十条、第五十一条和第五十二条的规定办理。医疗纠纷案件审理实践中出现这种适用法律“二元化”的现象：对于医疗事故引起的医疗赔偿纠纷案件，适用《医疗事故处理条例》；对于非医疗事故引起的医疗赔偿纠纷案件，则作为一般的人身损害赔偿案件，适用《民法通则》及相关司法解释。

通过前面的比较，我们可以看出《医疗事故处理条例》与《民法通则》规定的赔偿项目、赔偿标准是不一致的：《条例》规定的赔偿项目比民法规定的少；相同项目或类似项目的赔偿标准，《条例》的规定大多数比民法规定的低。自最高人民法院《关于审理人身损害赔偿案件适用法律若干问题的解释》于2004年5月1日实施以后，又进一步扩大了它们的差距。这样适用法律“二元化”现象的直接后果往往就是，导致两种类型的医疗纠纷案件裁判结果明显有失公平：医疗行为构成医疗事故，医院过错程度较重，但赔偿数额较少；医疗行为不构成医疗事故，医院过错程度较轻，但赔偿数额较多。这种不公平现象背离了类似案件类似处理的裁判原则，背离了重错重处、轻错轻处的裁判尺度，背离了强调“公平正义”价值追求的社会主义法治理念，也降低了医疗纠纷案件裁判的群众认同度和社会公信力。这个问题需要有权部门进行立法或者做出有效解释进行解决。

第六章　医疗纠纷的非诉讼解决途径

医疗纠纷出现之后，各方当事人都在积极寻找有效的对自己最为有利的解决途径。然而，我国目前的医疗纠纷解决途径主要为诉讼和非诉讼两大途径，其中非诉讼解决途径又包括当事人双方和解、第三方介入调解两种具体途径，仲裁尚未成为医疗纠纷解决的主流途径。

第一节　非诉讼解决机制概述

一、概念及其意义

非诉讼纠纷解决机制也称为替代性纠纷解决方式（Alternative Dispute Resolution，ADR），该概念源于美国，原来是20世纪逐步发展起来的各种诉讼外纠纷解决方式的总称，现在已引申为对世界各国普遍存在着的、民事诉讼制度以外的非诉讼纠纷解决方式或机制的总称。

20世纪60年代以来，代替性纠纷解决方式，因其在纠纷解决方面表现出来的特殊价值与优点而逐步受到人们的重视和青睐，成为许多国家和地区解决民事纠纷的一大趋势。

ADR在民事纠纷的解决中发挥了重要的作用，其优点可以具体概括为：①能充分发挥作为中立调解人的专家在纠纷解决中的有效作用；②以妥协、而不是对抗的方式解决纠纷，有利于维护需要长久维系的合作关系、人际关系乃至维护共同体的凝聚力和社会的稳定；③使当事人有更多的机会和可能参与纠纷的解决；④有利于保守个人隐私和商业秘密；⑤当处理新的技术和社会问题时，在法律规范相对滞后的情况下，能够提供一种适应社会和技术的发展变化的灵活的纠纷解决程序；⑥允许当事人根据自主和自律原则选择适用的规范解决纠纷，如地方惯例、行业习惯和标准等；⑦经当事人理性的协商和妥协，可能得到双赢的结果。[①]

医疗纠纷属于民事纠纷，近年有激增的趋势，医疗纠纷诉讼已经给法院的审判工作带来了极大的工作难度和工作量上的压力。因此，充分利用ADR在纠纷解决中的优点，发展医疗纠纷的代替性纠纷解决方式无疑是有效、便捷地解决医疗纠纷的好方法。

二、内　　容

医疗纠纷的代替性纠纷解决方式主要包括3类。

（一）双方当事人自行和解

双方当事人之间自愿发生的协商解决民事争议的一种方式，和解产生的和解书属于合同的范畴。因此，在医疗纠纷中，我国法律并没有禁止使用和解。双方当事人之间的和解，必须要符合法律的规定，不得违背国家相关法律、法规的规定，不得侵害国家、集体及他

① 张海滨. 论医疗纠纷的代替性解决机制. 法律与医学杂志，2003，10（1）：21~24

人的合法利益。

（二）第三方非诉讼机构主持的调解

目前主要是卫生行政机关主持下的调解和人民调解组织主持下的调解。目前，有的地方保险公司设立了医疗责任保险，并由保险公司出资设立了医疗纠纷争议调解机构。参加医疗责任保险的医疗机构一旦发生医疗事故争议需要赔偿的，由保险公司设立的医疗纠纷调解机构进行调解，确定赔偿的标准和数额。

关于人民调解后面详述。

（三）仲裁机构主持仲裁

所谓仲裁，是指根据法律的规定或者当事人之间的协议，由一定的机构以第三方的身份，对双方发生的争议，在事实上做出判断，在权利义务上做出裁决的一种方式。仲裁的优势来自于其程序的简易与灵活性，在处理纠纷的时候，仲裁员并非只是僵化地适用法律，而是在公平原则的基础上对案件进行整体、综合的考虑，并做出合理的裁决。同时，医疗专家也可作为仲裁员参与纠纷处理，丰富的专业知识将使其较法官在纠纷解决方面更具效率。目前在我国有的地方已经将医疗纠纷纳入消费仲裁范围进行仲裁。

第二节　医疗纠纷和解

一、医患双方的和解概述

（一）医患双方和解的概念

和解，就是通常所说的私了、自行调解。医疗纠纷的和解，是指发生医疗纠纷之后，无论这种纠纷的性质和内容如何，也无论这种纠纷是否构成医疗事故，医患双方就双方争议的民事赔偿或者补偿内容，在双方充分协商一致的基础上，自愿达成协议，就此解决纠纷的过程。医患双方的和解是建立在双方自愿的基础上，有很大的灵活性，形式自由，且无时间限制，能够及时解决双方的争议，达到沟通和解决问题的目的，因此往往易为医患双方当事人接受。

医患双方的和解具有以下特点：

（1）只有医患双方参加协商，双方地位平等，都有充分发言权，往往没有第三方的参与。即使有第三方参加，也仅仅起到见证或者公证作用，参加的第三方没有干涉和介入到双方的谈判和协商事务上来。

（2）双方自愿，协商一致，没有强迫或者命令因素。因此达成的协议也是双方当事人意思自治的表现。

（3）可以在纠纷发生后的任何阶段进行。可以在医疗事故技术鉴定之前，也可以在医疗事故技术鉴定过程中，还可以在医疗事故技术鉴定之后甚至进行诉讼之后。只要没有司法裁判结果约束，双方都可以自愿协商。

（4）只能就民事赔偿或者补偿内容进行协商，涉及医疗机构及其医务人员违反行政法规应当受到行政处罚以及违法国家刑事法律的规定应当受到刑事处罚的事项，医患双方不能协商，即使协商达成一致意见也无效，不能排除国家权力机关对当事人追究行政或者刑事责任。

（二）医患双方的和解的法律根据及法律效力

医患双方的和解，在《医疗事故处理条例》第四十六条中有明确规定，发生医疗事故的赔偿等民事责任争议，医患双方可以协商解决。

协商解决医疗纠纷是私法自治原则的具体体现。民事主体可以在符合法律规定的范围内自由处分自己的民事权利，因此医患双方当事人可以在法律允许的范围内对医疗事故的赔偿等责任的争议通过自行协商的方式加以解决。

医患双方协商的成果——协议书，具有民事合同的性质。因此，协议一经达成，双方当事人应当自觉履行。但是，由于其是一种私下协议，因此，对人民法院审理案件不具有约束力，任何一方当事人在协议达成后，仍然可以“协议存在重大误解”、“显失公平”等提起诉讼，不能因此产生剥夺或者限制一方当事人诉权的法律效力。

但是和解协议书毕竟属于双方的和约，因此，对于已经达成协议的案件的审理，原则上人民法院应当按照合同纠纷来审理。安徽省高级人民法院2003年12月31日通过的《关于审理医疗赔偿纠纷民事案件的若干意见》第十九条规定，当事人起诉到人民法院前，已与医疗机构就医疗赔偿争议的解决当成过调解协议，按合同纠纷处理，不再按医疗赔偿合同纠纷案件审理。但调解协议无效或者需要撤销的除外。因此，对这类案件的审理可以产生以下几种结果：

（1）如果经审理合同无效或者可撤销，医疗纠纷赔偿事项可以重新按照法律的规定进行处理。

（2）如果经审理合同内容进行了变更，则按照变更事项履行，没有变更的双方协议项目，双方当事人仍然应当自觉履行。

二、医患双方的和解的原则

（一）诚实信用原则

诚实信用原则是民法中的帝王条款，是民事活动的基础和核心，是指民事主体在从事任何民事活动时都要诚实守信，以善意的方式履行义务，不得滥用权力规避法律和合同约定的义务。在达成协议之后，双方当事人也应当守信用，自觉履行协商中约定的义务。

（二）双方当事人自愿原则

民事主体之间的协商必须建立在双方当事人完全自愿的基础之上，任何一方或者第三方均不得强迫另一方接受协商解决方式。在协商过程中不得有欺诈、胁迫或者乘人之危的情形，不存在重大误解或者显失公平，否则达成的协议将会被撤销或者变更。

（三）采用法定的形式

由于医疗纠纷涉及的问题非常复杂，时间跨度较长，且患方容易出现反复，因此医患双方在协商解决纠纷达成一致意见时，应当制作协议书。《医疗事故处理条例》第四十七条规定，双方当事人协商解决医疗事故的赔偿等民事责任争议的，应当制作协议书。

三、医患双方的和解过程中应注意的问题

（一）注意区分医疗事故技术鉴定前的调解和医疗事故技术鉴定后的调解

《医疗事故处理条例》第四十七条规定，医患双方制作的协议书，应当载明双方当事人的基本情况和医疗事故的原因、双方当事人共同认定的医疗事故等级以及协商确定的赔偿数额等，并由双方当事人在协议书上签名。但是在实际工作中，基本上无法做到，协议书基本上也无法载明这些事项，尤其是“医疗事故的原因”、“双方当事人共同认定的医疗事故等级”两项内容。因为按照条例的规定，只有医学会才是医疗事故技术鉴定的合法组织，其他任何个人和组织均无权鉴定或者认定医疗事故。如果医患双方发生医疗事故争议纠纷，在没有提交医学会进行鉴定之前，显然无法确定是否属于医疗事故，此时双方协商解决，无法在协议书上载明事故的原因和事故等级，否则就只能理解成当事人协商解决医疗纠纷必须在医疗事故技术鉴定之后进行，这样理解，既不符合法律规定，也不利于纠纷便捷处理。因此，作者理解，这项规定只能适用于已经进行医疗事故技术鉴定的案件。

（二）在协商过程中最好要求患方有懂医的人员参与

双方自行和解成功之后，一方反悔再次起诉，往往导致纠纷久拖不决，不利于民事争议的处理。其中患方提起诉讼的最常见理由就是双方和解中，患方对有关内容存在重大误解，协议内容显失公平，因而要求对协议撤销或者变更协议内容。为了避免这种结果出现，在协商中，最好要求患方有懂医的人员参与，如果患方有懂法的人员参与更好。这样可以最大限度地保证调解协议的效力。

（三）调解协议附加条款——排除一方当事人再次主张权利

在实践工作中，经常遇到调解协议生效后，患方拿到医方的“补偿”后，再次向法院提起诉讼，要求医疗机构承担赔偿责任。在诉讼中，他们常常主张，患方此前给予的“经济补偿”，与事故争议无关，调解协议属于医疗机构自愿赠与，不能计算在法院的判决额内。对此，如果调解协议中有排除诉讼的约定，即使法院认定双方当事人的调解协议是医疗机构的自愿赠与，也应属于附条件的赠与，根据《中华人民共和国合同法》第一百九十条的规定，附条件的赠与，如果接受赠与的一方不能满足赠与方提出的条件和要求，赠与行为可以撤销。这样可以为医疗机构减少不必要的损失。

第三节 医疗纠纷调解

调解强调是在第三方主持下，由第三方引导和做排解工作，双方在此基础上协商解决纠纷和争议，提出民事赔偿等民事责任承担的方式和内容等。医患双方的诉外调解，主要有卫生行政机关主持下的调解和人民调解组织主持下的调解，由于在实践中卫生行政机关很少出具调解书，加之两种调解除调解主持者不同之外，二者的内容和程序大体相同。因此，本节讨论人民调解组织主持下的调解。

一、人民调解委员会的组成、任务

（一）组成

1989年6月17日国务院颁布实施的《人民调解委员会组织条例》第二条规定，人民调解委员会是村民委员会和居民委员会下设的调解民间纠纷的群众性组织，在基层人民政府和基层人民法院指导下进行工作。基层人民政府及其派出机关指导人民调解委员会的日常工作由司法助理员负责。

（二）任务

《人民调解委员会组织条例》第五条规定，人民调解委员会的任务为调解民间纠纷，并通过调解工作宣传法律、法规、规章和政策，教育公民遵纪守法，尊重社会公德。因此，调解民间纠纷是人民调解委员会的主要工作。医疗纠纷是平等民事主体之间发生的一类民事纠纷，因此也属于民间纠纷，是人民调解委员会调解的工作范围。

二、人民调解的原则

《人民调解委员会组织条例》第六条规定了人民调解委员会进行人民调解工作应当遵守的原则。人民调解委员会的调解工作应当遵守以下原则：

（1）依据法律、法规、规章和政策进行调解，法律、法规、规章和政策没有明确规定的，依据社会公德进行调解。

（2）在双方当事人自愿平等的基础上进行调解。

（3）尊重当事人的诉讼权利，不得因未经调解或者调解不成而阻止当事人向人民法院起诉。

三、人民调解的效力

经人民调解委员会调解解决的纠纷，有民事权利义务内容的，或者当事人要求制作书面调解协议的，应当制作书面调解协议。调解协议应当载明下列事项：①双方当事人基本情况；②纠纷简要事实、争议事项及双方责任；③双方当事人的权利和义务；④履行协议的方式、地点、期限；⑤当事人签名，调解主持人签名，人民调解委员会印章。调解协议由纠纷当事人各执1份，人民调解委员会留存1份。

根据最高人民法院《关于审理涉及人民调解协议的民事案件的若干规定》，经人民调解委员会调解达成的、有民事权利义务内容，并由双方当事人签字或者盖章的调解协议，具有民事合同性质。当事人应当按照约定履行自己的义务，不得擅自变更或者解除调解协议。

经过调解，当事人未达成协议或者达成协议后又反悔的，任何一方可以请求基层人民政府处理，也可以向人民法院起诉。因此，人民调解协议并不能排斥当事人向人民法院起诉，不过，当事人向人民法院起诉主要是针对调解协议的履行、变更、撤销来进行的。

四、法律救济

人民调解达成的协议，毕竟是非司法程序解决纠纷的方式，因此法律对此给予法律救济的途径。最高人民法院2002年11月1日实施的《关于审理涉及人民调解协议的民事案件的若干规定》具体规范人民法院对涉及人民调解的民事案件的审理。当事人对经人民调解委员会调解达成协议的纠纷向人民法院起诉，人民法院应当受理，在法律、法规规定的范围内进行处理。

（一）对起诉的受理

经人民调解委员会调解达成的、有民事权利义务内容，并由双方当事人签字或者盖章的调解协议，具有民事合同性质。当事人应当按照约定履行自己的义务，不得擅自变更或者解除调解协议。对于已经达成调解协议的，当事人向人民法院起诉主要有以下3种情况。

（1）双方当事人已经达成调解协议，但对方当事人拒绝履行的，当事人一方可以就此向人民法院起诉，请求对方当事人履行调解协议。当事人一方起诉请求履行调解协议，对方当事人反驳的，有责任对反驳诉讼请求所依据的事实提供证据予以证明。

（2）双方当事人已经达成调解协议，但当事人一方向人民法院起诉，请求变更或者撤销调解协议，或者请求确认调解协议无效的。当事人一方起诉请求变更或者撤销调解协议，或者请求确认调解协议无效的，有责任对自己的诉讼请求所依据的事实提供证据予以证明。

（3）当事人一方以原纠纷向人民法院起诉，对方当事人以调解协议抗辩的，应当提供调解协议书。

（二）对人民调解协议的不同认定

1. 调解协议有效　调解协议具备下列条件的，调解协议有效。

（1）当事人具有完全民事行为能力。

（2）意思表示真实。

（3）不违反法律、行政法规的强制性规定或者社会公共利益。

2. 调解协议无效　调解过程或者调解协议具有以下情况之一的，法院应当认定调解协议无效。

（1）损害国家、集体或者第三人利益。

（2）以合法形式掩盖非法目的。

（3）损害社会公共利益。

（4）人民调解委员会强迫调解。

（5）违反法律、行政法规的强制性规定。

无效的调解协议或者被撤销的调解协议自始没有法律约束力。调解协议部分无效，不影响其他部分效力的，其他部分仍然有效。

3. 调解协议的变更或者撤销　调解协议具有以下情形之一的，当事人一方有权请求人民法院变更或者撤销。

（1）因重大误解订立的。

（2）在订立调解协议时显失公平的。

（3）一方以欺诈、胁迫的手段或者乘人之危，使对方在违背真实意思的情况下订立的调解协议，受损害方有权请求人民法院变更或者撤销。

（三）其他规定

1. 撤销权消灭 有下列情形之一的，撤销权消灭：①具有撤销权的当事人自知道或者应当知道撤销事由之日起一年内没有行使撤销权；②具有撤销权的当事人知道撤销事由后明确表示或者以自己的行为放弃撤销权。

2. 诉讼时效 调解协议的诉讼时效，适用民法通则第一百三十五条的规定。

原纠纷的诉讼时效因人民调解委员会调解而中断。

调解协议被撤销或者被认定无效后，当事人以原纠纷起诉的，诉讼时效自调解协议被撤销或者被认定无效的判决生效之日起重新计算。

3. 强制执行调解协议 具有债权内容的调解协议，公证机关依法赋予强制执行效力的，债权人可以向被执行人住所地或者被执行人的财产所在地人民法院申请执行。

五、对医疗纠纷的人民调解

由于人民调解具有快速、便捷和司法上的相对有效性，因此，我们建议医患双方对于已经发生的医疗纠纷尽可能采取人民调解的途径来解决。

可以由医患双方执行协商，在达成民事赔偿内容之后，再一起提交给人民调解组织进行人民调解，以人民调解的名义制作人民调解书，这样有利于医疗纠纷的妥善解决，及时化解纠纷，从而保障医患双方的合法权益。

第四节 运用非诉讼解决机制处理医疗纠纷的实践

一、非诉讼解决机制处理我国医疗纠纷的实践概况

我国运用人民调解机制解决医疗纠纷目前正在蓬勃兴起。国内较早开展这项工作的是北京卫生法学会医疗纠纷调解中心，该中心于1998年8月创建、2000年8月经民政部门审批登记后成为独立的社团组织，人员大多由医院高管人员、高级职称的临床医师、心理医师、高级法官、律师等构成，均经过培训考核聘用，在北京市按照《北京市实施医疗责任保险的意见》的规定开展医疗纠纷第三方调解。2006年11月20日，北京市在丰台区长辛店街道办事处成立了医患纠纷调处站，这是首都第一家真正意义上的第三方调解医患纠纷的工作机构。

利用人民调解委员会处理医疗纠纷，是在全国许多城市已经逐步试点和推行的纠纷处理途径。从2007年以来，尤其是进入2009年以来，全国各地掀起了医疗纠纷处理地方性立法的高潮。到目前为止，已经有宁波、上海、天津、舟山、苏州、上虞、杭州、温州、上饶等地发布规范性文件，而郑州市、成都市、浙江省等地也已做出类似的规定并在征求意见。据全国创建“平安医院”推动医疗纠纷人民调解工作会议上的有关数据显示，目前全国已有16个省、自治区、直辖市的56个地市启动了医疗纠纷人民调解和医疗责任保险工作。另外，国家有关部委也已经意识到医疗纠纷人民调解委员会的重要作用，并专门出台了有关规定，对医疗纠纷人民调解委员会的设立、运行、业务指导等方面内容进行规定。这些文件都明确规定在地方设立医疗纠纷人民调解委员会，对医疗纠纷进行调解，并逐步建立医疗责任保险等配套措施，以有效解决医疗纠纷。在具体实践过程中，形成了以下几种独

具特色的模式：

1.“北京模式”　由医疗责任保险承保保险公司指定医疗纠纷调解机构调解医患双方的纠纷矛盾，最具代表性的是北京模式。2005年，北京地区太平保险公司以及中国人民财产保险公司承保北京各医院的医疗责任保险，前者指定北京医学教育协会医疗纠纷调解中心做纠纷调解，后者指定的调解机构是北京卫生法研究会医疗纠纷调解中心。吉林、芜湖、铜陵、无锡等地成立的医疗纠纷调解中心是北京模式的推广。该模式的突出特征是改变以往卫生行政部门组织专家对纠纷进行鉴定的机制，而由独立于行政组织之外的保险公司组织专家鉴定。调解中心在接到发生纠纷的医患双方申请后，自行抽取调解团队的专家对纠纷进行鉴定，然后依据鉴定结论和相应保险条款予以理赔。

2.“宁波模式”　宁波市卫生局建立的人民调解机制配合医疗事故责任保险的第三方处理模式。其最主要的做法是在宁波市县两级均成立医疗纠纷人民调解委员会负责调解，全市所有县及县以上公立医疗机构和绝大部分城乡社区卫生服务中心均参加医疗责任保险，并确定4家财产保险公司组成共保体，下设医疗纠纷理赔中心，负责全市医疗纠纷理赔服务。

3.“天津模式”　2006年12月天津仲裁委员会医疗纠纷调解中心成立，该中心是天津仲裁委员会下设的一个分支机构。仲裁委聘任医学、法学专家专门从事医疗纠纷调解工作，发生纠纷的医患双方在自愿基础上达成将纠纷提交调解中心调解，调解中心受理后，由当事人选择或者委托调解中心主任指定的调解员依法解决纠纷。按照其调解规则，实行先调解后仲裁，且“一裁终局”。

4.“山西模式”　2006年10月12日，山西省在太原市成立了医疗纠纷人民调解委员会，这是全国首家医疗纠纷人民调解委员会。由省科协、心理协会组织领导的社团组织，主要由离退休的医生、律师以及法官等构成，对医疗纠纷当事双方进行调解。该机构接到医院或患方报案后，对申请调解的案件进行立案，然后按照规程开展医疗纠纷调解、医学技术评估，之后，再由人民调解员进行调解。医疗机构、患者可以任意选择自己信任的调解员，也可由调委会指定的调解员进行调解。在医患双方经协调达成一致意见后，签署调解协议，最后由承保的保险公司负责赔偿。上海、江苏太仓成立的医疗纠纷人民调解委员会是此类模式。

5.“济宁模式”　2005年底，济宁市医患维权协会成立，这是山东省首家专门进行医疗纠纷调解的非营利性组织。由济宁市司法局主管，卫生、法院、公安、仲裁、消协、工会等单位人员参与，并在各县市区设立了医疗纠纷人民调解工作站，构建了医疗纠纷调处化解新机制。

二、医疗纠纷非诉讼解决机制评述

调解是以“调”的方式达到“解”的目的。所谓的“调”，是第三方（调解人）在双方纠纷主体之间沟通信息，摆事实明道理，促成其相互谅解相互妥协；所谓的“解”是指双方纠纷主体达成解决纠纷的合意。有学者将其定义为“在第三方的主持下，以国家法律、法规、规章和政策以及社会公德为依据，对医疗纠纷双方进行斡旋、劝说，促成他们相互谅解，进行协商，自愿达成协议，消除纠纷的活动”。基于调解的概念，可以将医疗纠纷非诉讼调解定义为：中立的第三方（某些机构或组织）通过对医患双方争议的焦点进行分析、评价，向医患双方说明事实，给医患双方提出解决争议的指导性意见供其参考，使医患双方能够认清事实，理性对待争议问题的处理。进而对当事双方进行劝和，促成双方相互谅解，达到医患双方“和好”的目的。根据国外调解解决医疗纠纷的经验，作为调解人的第三方通常为群众性组织，如美国是仲裁协会等联合成立的医疗纠纷解决委员会、日本是医师会内部设立的医疗纠纷处理委员会，德国是医生协会设立的医疗事故调解处。

医疗纠纷人民调解是继医患协商、卫生行政部门调解和民事诉讼以外近年新兴的第四种医疗纠纷解决方式，是总结各地医疗纠纷“大调解”的经验、克服以往调解中存在的缺陷、适应社会发展要求、促进构建和谐医患关系的一项制度性建设。

医疗纠纷第三方调解机构即“医疗纠纷人民调解委员会”是指由独立于医患双方的、与卫生行政部门无隶属关系的独立机构。该机构在司法行政部门的指导下，运用医学、法学、保险等手段，引入人民调解机制，以第三方介入，以医疗责任保险为载体，进行医疗纠纷调解、周旋，促成当事人达成协议，化解矛盾。这种机制能对医疗行为风险实施事先预防、事中调解、事后补偿，是一种新型保险服务、保障机制。

医疗纠纷第三方调解的优势主要是程序的便利性和处理的灵活性及合理性。当事人的自愿是调解能否进行的基本条件，无论是调解的进行、调解协议的达成还是调解协议的履行，都需要当事人的自愿和合意。调解也没有严格的固定程序和固定的规则，如果当事人一方不愿意继续调解，可以马上终止。第三方调解机制的具体优点包括：①尊重当事人的意思自治；②能充分发挥作为中立第三方调解人的专家在纠纷解决中的有效作用，具有较高公信力；③以妥协、而不是对抗的方式解决纠纷，减少了纠纷中的对立和矛盾，有利于维护需要长久维系的合作关系和人际关系，有利于社会的稳定；④使当事人有更多的机会和可能参与纠纷的解决；⑤有利于保守个人隐私和秘密；⑥当处理新的技术和社会问题时，在法律规范相对滞后的情况下，能够提供一种适应社会和技术的发展变化的灵活的纠纷解决程序；⑦允许当事人根据自主和自律原则选择适用的规范，如地方惯例、行业习惯和标准等解决纠纷；⑧调解机制程序灵活，降低了解决纠纷的成本；⑨以利益为中心，经当事人理性的协商和妥协，处理结果更能被当事人接受，可能得到双赢的结果；⑩适用的规范性和对诉讼的补充性。

医疗纠纷人民调解机制的实质，是作为独立第三方的医调委，为医患双方搭建一个解决矛盾的平台，通过具有医学、法学专业知识的人民调解员的调解，使医患双方弱化分歧，达成和解协议。本文认为，根据人民调解的前提性和医疗纠纷的特殊性可将其定义为：在由医学、法学等专业人员组成的医疗纠纷人民调解委员会的主持下，以国家的法律法规、规章政策以及社会公德为依据，通过对医患双方争议焦点的评判，为医患双方提供可参考的解决争议的指导性意见，使医患双方能够认清客观事实，理性对待处理争议问题。进而对当事双方进行规劝疏导，促成双方互谅互让，以便自愿达成调解协议。

第七章　医疗纠纷的诉讼解决和赔偿

医疗纠纷的诉讼解决主要就是指依照法定程序，由法院进行判决的司法解决途径。在赔偿上，我国目前实行的是双轨制，既有按照《医疗事故处理条例》来计算的，也有根据最高人民法院《关于审理人身损害赔偿案件适用法律若干问题的解释》，诉讼案有不同，赔偿计算的标准也不一样。

第一节　医疗纠纷诉讼解决机制

一、医疗纠纷诉讼解决的概念

医疗纠纷诉讼解决就是指医疗纠纷当事人一方向人民法院起诉，人民法院依照法律规定对医疗争议进行开庭审理、质证辩论、调节裁判的过程。医疗纠纷诉讼解决具有以下特点：

1. **法官是纠纷解决的主导者**　诉讼解决纠纷实际上也是第三方介入解决纠纷的一种方式，与调解、仲裁不同的是，调解由人民调解员、卫生行政机关医政管理人员主导，仲裁由双方选定的仲裁员主导，诉讼则是由法官主导。

2. **医患双方都有启动诉讼的权利**　医疗纠纷的诉讼解决，医患双方都有启动的权利，只不过患方其中诉讼，主要是针对医疗纠纷给自己造成的损害，要求医方赔偿。诉讼的案有主要有医疗事故侵权纠纷、医疗事故以外的原因引起的医疗损害侵权纠纷、医疗服务合同纠纷等。而医方起诉，则主要针对患方拖欠医疗费、强占病房、干扰医疗机构正常诊疗秩序给医疗机构造成经济损失的，诉讼的案有主要有财产返还、终止医疗服务合同、排除妨碍、赔偿损失等。

3. **依照法律的规定进行审理**　诉讼解决的程序必须依照《中华人民共和国民事诉讼法》的规定来进行，包括庭前程序、鉴定、开庭、调解、判决、执行等。法官经过开庭审理之后，对于案件的裁判，需要根据《中华人民共和国民法通则》及其他有关法律、法规、司法解释来处理。

4. **处理结果既可以调解也可以判决**　经过法庭开庭审理、查明案件事实之后，在法官的主导下，双方当事人仍然可以调解，不受过去是否调解的约束。在双方调解失败之后，法院必须依法裁判。

二、医疗纠纷诉讼解决的程序

（一）起诉的条件

提起诉讼必须具备一定的条件。根据《中华人民共和国民事诉讼法》第一百零八条规定，起诉必须符合下列条件：①原告是与本案有直接利害关系的公民、法人和其他组织；②有明确的被告；③有具体的诉讼请求和事实、理由；④属于人民法院受理民事诉讼的范围和受诉人民法院管辖。

1. 原告的判断 在医疗纠纷案件中，有时难以判断原告。根据法律的规定，原告是与本案有直接利害关系的公民、法人和其他组织，即与本案有利害关系的公民、法人和其他组织都可以称为原告。因此，原告需要满足以下条件：①与本案有直接利害关系，系因本次医疗纠纷直接收到了侵害，并因此受到了损害、损失的人；②公民、法人和其他组织都可以称为原告，作为患者可以称为原告，医疗机构也可以称为原告，对于其他组织，一般要求具有独立承担法律责任的资质。在医疗纠纷诉讼中，作为患方，尤其是新生儿出现残疾的，到底是新生儿是原告还是父母亲是原告，经常混淆，主要看被侵害的对象和主张权利的范围。例如，以医疗过错导致新生儿脑瘫要求赔偿的，原告应当是该脑瘫儿童，父母是监护人，只能以法定代理人身份出现。

2. 被告的判断 在医疗纠纷案件中，一般被告是医疗机构。在实践中有时由于医疗机构组成比较复杂而难以判断，一般应以其是否具备独立法人资格来判断。比如，大医院的派出机构，厂矿单位的医院、医务室等，应以其上级单位作为被告起诉。

3. 诉讼请求和事实、理由 诉讼请求必须要明确，并且有相关的事实和理由作为诉讼的支持。在医疗纠纷的民事处理上，诉讼请求必须是民事责任承担方式，必能超出民事责任的范畴，比如，有的患者在民事诉讼状中称，要求追究医师的刑事责任，这就不属于民事案件的审理范畴了。

（二）诉讼时效

根据《中华人民共和国民法通则》第一百三十五条至第一百三十七条的规定，诉讼时效分为3种，即一般时效（2年）、短期时效（1年）、长期时效（20年）。在医疗纠纷诉讼中的时效，时效因案由不同变化：①医疗事故侵权或者医疗事故以外的侵权之诉，诉讼时效为1年；②医疗服务合同纠纷之诉，诉讼时效为2年；③诉讼时效的计算，从受害人知道或者应当知道被侵权之日起计算，最长不超过20年。

（三）两审终审及再审

“两审终审制”是我国民事诉讼法的基本制度。它的主要内容就是某一案件当事人对法院对案件的一审判决或裁定不服，有权向上一级法院提出上诉。二审法院做出的二审判决或裁定为终审判决或裁定，当事人不得再提起上诉。对于医疗纠纷案件的诉讼解决，也必须要遵守两审终审制。

再审是指人民法院对已发生法律效力的判决、裁定，或者调解协议认为确有错误的，对案件重新进行审理。法院决定受理再审案件必须具备3个件：①必须是已经发生效力的判决、裁定和调解书；②必须是判决、裁定、调解书确有错误；③提起再审程序的主体必须合法。提起再审的渠道有3条：①法院提起再审；②当事人申请再审；③因检察院抗诉提起再审。

三、医疗纠纷诉讼解决的案由

（一）患方诉讼案由

根据最高人民法院2003年1月6日通过《关于参照〈医疗事故处理条例〉处理医疗侵权赔偿案件的通知》的要求，将医疗侵权纠纷案件划分为两大类，即构成了医疗纠纷诉讼的“二元论”，该文件把医疗侵权诉讼分为医疗事故侵权纠纷和医疗事故以外的原因引起的医疗损害侵权纠纷。因此，医疗纠纷诉讼案有因起诉主体、主张权利范围的不同而不同，主要有以下案由：

1. 医疗事故侵权纠纷　在2000年最高人民法院《关于民事诉讼案由的规定》确定为医疗事故损害赔偿纠纷，当时并没有明确要求该类诉讼必须以构成医疗事故为前提，实际上成为医疗侵权诉讼的代名词。在2003年1月6日之后，该诉讼是否得到法院的支持则要求以构成医疗事故为前提。当然是否构成医疗事故，在很多没有经过医学会鉴定的案件中实际上处于一种不明确的状态。所以，在司法实践中，该诉讼案由主要以原告的选择有关，当事人选择了医疗事故侵权之诉，但是最终鉴定如果不构成医疗事故的，法院就可能以此为理由驳回患者的诉讼请求，毕竟在《医疗事故处理条例》第36条明确规定，不构成医疗事故的，医疗机构不承担赔偿责任。

2. 医疗事故以外的原因引起的医疗损害侵权纠纷　“因医疗事故以外的原因引起的其他医疗赔偿纠纷”①是最高人民法院2003年1月6日通过的司法文件中新出现的概念，对于该概念的含义，在最高人民法院的这部文件中没有明确界定，因此，导致司法实践中大家认识上出现分歧。为了叙述上的方便，我们主张将该两类纠纷简单地称为“医疗事故纠纷”和“非医疗事故纠纷”。

3. 医疗服务合同纠纷　这类诉讼是将医疗行为作为一种民事合同来对待,因医疗服务合同发生争议提起诉讼，就确定为医疗服务合同纠纷。处理这类案件的法律规则是援用合同法相关规定。

（二）医方诉讼案由

对医疗机构而言，在其权利遭受患方不法侵害之后，可以选择医疗服务合同纠纷要求患方财产返还、终止医疗服务合同、排除妨碍、赔偿损失等。

四、医疗纠纷诉讼解决的依据

医疗纠纷诉讼解决必须以法律为依据。但是，由于目前我国医疗卫生法律尚不够完善，因此，在处理医疗纠纷时既要依据国家的法律，也要依据国务院颁布的行政法规，还应当参照卫生行政部门颁布的行政规章、行业协会颁布的技术规范。尤其是卫生部和中华医学会颁布的技术操作标准、诊疗规范、操作规程，应当是认定医疗过失的重要依据。因此，《民法通则》、《医疗事故处理条例》等法律、法规，以及最高人民法院的司法解释就是当前处理医疗纠纷的法律依据，在法律规定不一致甚至有冲突时，应当采用上位法优于下位法的原则，在同一个法律层次中，法律规定不一致甚至有冲突时，应当依据特殊法由于一般法、新法优于旧法的原则。所以，在《民法通则》、《医疗事故处理条例》出现规定不一致时，由于二者不是同一层次的法律，因此，前者优先后者适用。

因此，在具体使用法律上，如果患者起诉要求“医疗事故损害赔偿”，就应当参照《条例》来进行处理，如果患者起诉不涉及“医疗事故”的概念，仅要求医疗损害赔偿，且没

---

① 这是不是一个独立的诉讼案由，目前尚有争议。根据最高人民法院《关于民事诉讼案由的规定》，医疗纠纷民事诉讼只有两类案由：医疗事故损害赔偿纠纷和医疗服务合同纠纷。但是，如果根据最高人民法院 2003 年 1 月 6 日通过的司法文件确立的医疗纠纷诉讼“二元论”，因医疗事故以外的原因引起的其他医疗赔偿纠纷是难以用“医疗事故损害赔偿纠纷”来做为案由，除非将“医疗事故损害赔偿纠纷”改为“医疗损害赔偿纠纷”。

有经过医疗事故鉴定或者虽然经过医疗事故鉴定，但是没有被认定为医疗事故的，就应当适用《民法通则》来处理。

第二节 医疗纠纷的赔偿

损害赔偿是医疗侵权诉讼中原告所追求的主要目标。确定损害赔偿的范围及数额非常复杂，尤其是目前医疗纠纷诉讼出现了“二元论”，不同的诉讼案由，赔偿标准部一样。《医疗事故处理条例》（本章以下简称《条例》）和《最高人民法院关于审理人身损害赔偿案件适用法律若干问题的解释》（本章以下简称《解释》）对于医疗事故损害赔偿的范围和项目以及人身损害赔偿的范围和项目做了规定。需要指出的是，二个法律文件对损害赔偿的规定并不完全相同，因此，二者的适用范围就需要明确。一般情况是，构成医疗事故的，适用《条例》的规定，不构成医疗事故、但构成侵权的，适用《解释》的规定。

一、医疗纠纷损害赔偿项目及其计算

无论是《条例》，还是《解释》，都强调医疗纠纷赔偿费用实行一次性结算。

《条例》、《解释》对于人身损害赔偿的各个项目的计算方法有区别，具体规定上的区别见表7-1。

表7-1 医疗事故处理条例与司法解释赔偿项目比较

比较项目	医疗事故	司法解释（民法通则）
医疗费	凭据支付，去除原发病费用，后续费用按基本医疗费支付	医药费、住院费凭据支付；后续必然发生的费用
误工费	固定收入：赔偿减少部分，较高者赔职工平均工资3倍 无固定收入：职工平均工资	固定收入：实际减少； 无固定收入：最近3年平均收入 或 同（近）行业职工平均工资
住院伙食费	国家机关工作人员出差伙食补助标准	同。外地就医不能住院，合理的住宿费、伙食费
陪护费	职工平均工资	护理人员有收入，参照误工费； 无收入或雇工：同级别护理劳务费用。
伤残补助	居民平均生活费 30年 60以上不超15年，70以上不超5年。	上一年度城镇居民人均可支配收入或者农村居民人均纯收入，60岁以上增1减1，75岁赔5年 实际收入不减，或者影响就业，应适当调整伤残补助费
残疾用具	凭医疗证明，普及型	普及型；特殊需要、更换周期根据配置机构意见
丧葬费	事故发生地规定的丧葬补助标准	受诉法院地上一年度职工平均工资，6个月计
被抚养人生活费	居民最低生活保障标准， 不满16抚养至16， 年满16岁扶养20年，60以上不超15，70以上不超5	同伤残补助 未成年至18岁 其他成人20年，60以上增1减1，75以上5
交通费	实际支出，凭据支付	实际支出，凭据支付
住宿费	国家机关工作人员出差补助标准，凭据支付	外地就医不能住院，合理的住宿费
抚慰金	居民平均生活费6倍（死亡），3年（伤残）	同伤残补助（死亡）
死亡赔偿金	没有规定	
处理事故费用	交通费、误工费、住宿费，不超2人	没有规定

（一）医疗费

医疗费系指患者因医疗事故的发生而支出的医疗费用。包括已实际发生的医疗费和今后确定要发生的医疗费。医疗费的具体项目包括在医院治疗期间所支出的挂号费、检查费、手术费、材料费、药费等。计算具体数额时应注意以下几点：①医疗费不包括患者治疗原发疾病的费用；②医疗费包括已发生的医疗费用和继续治疗时将发生的医疗费用。对于实际已发生的医疗费用，应要求患方提供原始的票据凭证并据此进行计算；③继续治疗费的计算。

需要注意的是，《条例》规定“结案后确实需要继续治疗的，按照基本医疗费用支付”。但是，我国现行法律法规中没有关于“基本医疗费用”的范围及项目的规定，因而该部分费用可以参照疾病的常规治疗和护理标准进行计算。例如，肿瘤病人化疗药物的选择应按国内普通化疗药物的价格进行计算，而不应按进口同类药物计算。

（二）误工费

误工费系指患者因治疗医疗事故造成的损害后果耽误其工作而损失的收入。最高法院《若干意见》的赔偿标准高于《条例》规定。由于《条例》仅仅是国务院颁布的行政法规，因此，人民法院在确认该项赔偿额时有可能按照《民法通则》和最高法院《若干意见》进行审理。同时，还应注意部分省市高级人民法院对此项赔偿额的计算有专门的规定。

在具体计算时，应注意以下几个问题：①误工费是患者本人因治疗医疗事故造成的损失后果而减少的收入，不是患者家属因陪护患者治疗而发生的误工损失，应注意区别患者误工费与家属陪护费；②请求误工费赔偿的患者应当有工作，无论其收入是固定还是非固定的；③误工日期的计算，一般以治疗医院出具的医疗期证明或法医鉴定确定的休治时间为依据。

（三）住院伙食补助费

住院伙食补助费是指患者因发生医疗事故而在医疗机构住院治疗时，医方应支付给患者的膳食补助费用，具体数额是按照医疗事故发生地国家机关一般工作人员的出差伙食补助标准计算。

（四）陪护费

陪护费是指患者在因医疗事故接受治疗期间确需专人陪护而发生的相关费用。关于此项赔偿费用，应注意：①陪护费发生的前提是患者确需专人陪护，例如患者生活无法自理等；②陪护人员可以是专门聘请的临时工（护工），也可以是患者家属；③《条例》规定与最高法院《若干意见》有一定的差异。最高法院《若干意见》第一百四十五条将此项费用称为“陪护人员的误工补助费”，规定：“经医院批准专事护理的人，其误工补助费可以按收入的实际损失计算。应得奖金一般可以计算在应赔偿的数额内。本人没有工资收入的，其补偿标准应以当地的一般临时工的工资标准为限。”

（五）残疾生活补助费

残疾生活补助费是指患者因医疗事故全部或部分丧失劳动能力时应获得的生活费用，

具有明确的补偿性。具体计算公式是：年平均生活费 × 赔偿年限 × 赔偿系数。

1. 平均生活费 可以从医疗事故发生地统计部门（如统计局）得到。部分地区的该项统计指标不是以“平均生活费”表示，而是以“人均消费性支出”等概念表示。

2. 赔偿系数 与伤残等级具有对应关系，评定伤残等级的主要目的是确定赔偿系数，见表7-2。

表7-2 医疗事故等级与伤残等级、伤残赔偿指数对照表

医疗事故等级	伤残等级	伤残赔偿指数
一级乙等医疗事故	一级伤残	100%
二级甲等医疗事故	二级伤残	90%
二级乙等医疗事故	三级伤残	80%
二级丙等医疗事故	四级伤残	70%
二级丁等医疗事故	五级伤残	60%
三级甲等医疗事故	六级伤残	50%
三级乙等医疗事故	七级伤残	40%
三级丙等医疗事故	八级伤残	30%
三级丁等医疗事故	九级伤残	20%
三级戊等医疗事故	十级伤残	10%

在此，需要提请注意的是伤残评定的时间，因为该时间将直接影响伤残等级。但是，《条例》没有对此做出明确规定，实务界也有不同的看法。作者认为可参照其他相关规定。例如，《职工工伤与职业病致残程度鉴定》规定为“医疗期满”，《道路交通事故受伤人员伤残评定》规定为“治疗终结”。

（六）残疾用具费

残疾用具费是指患者因医疗事故导致丧失部分生理功能而需配置补偿功能器具时支出的费用。《条例》规定该项费用应凭医疗机构证明，按照普及型器具的费用计算。《条例》没有对“普及型器具”的外延加以明确界定，通常情况下是按照国产相关器具价格进行计算。在实践中还需考虑残疾用具的更换费用及安装费用。

（七）丧葬费

丧葬费是指患者因医疗事故死亡时，其家属因安葬患者而支出的费用。在实践中，由于各地民政和财政部门规定的丧葬费标准过低，因此出于公平与合理的考虑，无论是法院判决还是双方协商，其最终数额多略高于《条例》的规定。

（八）被扶（抚）养人生活费

被扶（抚）养人生活费是指患者在发生医疗事故前，向受其扶（抚）养者提供的必要生活费用。计算该项赔偿额时应注意：①被扶（抚）养人以患者生前或残疾者丧失劳动能力前实际扶（抚）养且没有劳动能力的人为限。根据《条例》规定，确定被扶（抚）养人的标准有两项，一是受患者生前或丧失劳动能力前实际扶（抚）养，二是没有劳动能力。

②《条例》没有规定“丧失劳动能力”的认定标准，也没有说明是全部丧失劳动能力还是部分丧失劳动能力。对此，可参照其他相关规定加以确定。根据原劳动部《工伤保险办法》第十四条规定，各级劳动鉴定委员会应当按国家制定的工伤与职业病致残程度鉴定标准，对因工负伤或者患职业病的职工伤残后丧失劳动能力的程度和护理依赖程度进行等级鉴定。符合评残标准1～4级为全部丧失劳动能力；5～6级为大部分丧失劳动能力；7～10级为部分丧失劳动能力。③当存在多个扶（抚）养义务人时，医疗机构仅承担患者应承担的扶（抚）养费份额。

（九）交通费

交通费是指患者因医疗事故必需乘坐交通工具治疗疾病而实际支出的费用，医疗机构按照患方提供的票据支付。法律要求患方应当详细说明每张票据发生的原因，包括乘坐交通工具的时间、起始地点、具体事项等。交通工具一般应以当地普通交通工具为限；因病情需要而使用出租车或其他交通工具而支出的高额交通费用，超出部分法院一般不予支持。

（十）住宿费

住宿费是指患者因发生医疗事故后在治疗过程中必须支付的住宿费用，例如因当地医院诊疗水平问题而需到外地就医治疗。该项费用按照医疗事故发生地国家机关一般工作人员的出差住宿补助标准计算，凭据支付。

（十一）死亡赔偿金

《条例》中没有专门规定死亡赔偿金，但是在最高人民法院的《解释》中则有相应的规定，并且司法解释将这项费用界定为受害人因死亡所所造成的经济损失所给予的赔偿，是一种财产损失赔偿，与精神损害赔偿（抚慰金）不同。

（十二）精神损害抚慰金

是指患者因医疗事故承受精神创伤而应获得的以货币方式支付的精神补偿，是医疗机构承担医疗事故民事责任的一种重要方式。需要注意的是，在司法实践中，如果患者死亡，精神损害抚慰金的请求主体为患者家属；如果患者残疾，该项赔偿的请求主体应为患者本人，而其家属无权要求赔偿精神损害抚慰金。

《解释》没有明确规定精神损害赔偿费的计算方法，受害人或者死者近亲属遭受精神损害，赔偿权利人向人民法院请求赔偿精神损害抚慰金的，适用《最高人民法院关于确定民事侵权精神损害赔偿责任若干问题的解释》予以确定。

二、过错程度、责任程度、损害程度

过错程度、责任程度、损害程度是医疗侵权赔偿案件中经常会遇到又经常会搞错的几个概念，在此需要进行辨析。

（一）过错程度

过错程度是正对医疗侵权行为中，行为人的主观过错而言的，与行为人违反医疗卫生管理法律、行政法规、部门规章、诊疗操作规范、规程的情节有关，是一般医疗技术人员容易犯的错误或者是技术操作难度大导致的错误，还是一般不容易忽略、难以出现的错误。

（二）责任程度

责任程度，是指在导致医疗事故损害结果发生的诸多因素中，医疗机构及医务人员的过失行为所占的比例，其理论依据在于许多医疗结果的发生是多种因素所导致，即人们常说的“多因一果”或“多因多果”。如果不考虑这一因素而要求医疗机构承担全部损害后果的责任是不公平的。与责任程度相关的概念是事件参与度，法医学界又称为“损伤参与度”，是指医疗事故造成的损害后果与患者自身疾病共同存在的情况下，前者在患者目前疾病状态中的介入程度。

责任程度的划分不宜过细，应该采用模糊等级划分方法来划分责任等级。一般划分为6个等级，见表7-3。

表7-3　侵权责任程度与赔偿比例对照表

责任程度等级	赔偿比例
无责任	0
轻微责任	10%
次要责任	30%
同等责任	50%
主要责任	80%
全部责任	100%

由于责任程度的等级划分是参照模糊数学的方法来划分的，因此，所确定的赔偿比例就不应当太细，而是一个粗线条的比例。比如次要责任，赔偿比例为30%，就不宜在11%～49%任意取值。

（三）损害程度

损害程度是针对患者最终的损害后果而言的，是一种客观事实状态的判断。在医疗事故中，损害程度与医疗事故等级有关，最终需要用伤残等级来表示。

3个概念的区别见表7-4。

表7-4　过错程度、责任程度、损害程度概念比较

比较项目	过错程度	责任程度	损害程度
表现	衡量行为过错的大小	对损害后果应承担责任的多少	对患者造成身体损害的后果
与行政责任的关系	有关	有关，当不明显	有关
与刑事责任的关系	有关	有关，当不明显	有关
与民事责任的关系	有关，当不明显	有关	有关
表达方式	违章严重性	参与度	事故等级或伤残等级
医疗事故鉴定	不认定	认定	认定
司法鉴定	认定	认定	认定

第八章　医疗纠纷的法律责任

第一节　医疗纠纷的法律责任概述

一、医疗纠纷法律责任的界定

现代的医患关系已经不是传统的主要依靠医德调整与维系的社会关系，由于医患关系是一种涉及众多社会成员利益的重要社会关系之一，因此，在崇尚法治的现代社会更多地依靠国家法律来调整医患双方的利益关系，从而使医患关系成为一种由医德与国家相关法律共同调整的社会关系。因此，对于医患纠纷中违反国家调整医患关系相关法律的一方依法要求其承担相应的法律责任是医患纠纷处理的当然后果。

医患纠纷的法律责任是在医患关系中医患各方由于违反法定义务或者约定义务依法承担的一种不利的后果，具体来说，医患纠纷的法律责任具有以下特点：

其一，医患纠纷的法律责任是以违反法定义务或者约定义务为前提。医患纠纷的法律责任虽然是一种特殊的法律责任，但如同任何法律责任一样，是以违反义务为前提的，该义务可以是法律直接规定的法定义务，也可以是具体医疗服务合同医患双方约定的义务。

其二，医患纠纷的法律责任的主体（即医患纠纷的法律责任的承担者）可以是医疗机构、医务人员，也可能是患者、患者亲属等。由于医患之间事实上存在的“医强患弱”，在一段时间内患者合法权益遭受医方侵害的情况屡屡发生，由此产生的医疗纠纷的法律责任往往是医方承担相应的法律责任，因此，也在人们的认识上产生了这样一种认识：医疗纠纷的法律责任就是医疗机构及其医务人员对发生的医疗纠纷承担的法律责任。医疗纠纷的法律责任是医患双方在医疗活动中违反法定或者约定义务依法承担的法律责任，显然，医方或者患方都可能违反其义务，都可能依法承担相应的法律责任，因此，将医疗纠纷的法律责任理解为医疗机构及其医务人员对发生的医疗纠纷承担的法律责任是非常片面的。

其三，医疗纠纷的法律责任的承担方式具有多样性。在医疗纠纷中，对于医方或者患方的一个行为，可能既违反其民事义务，也违反其来自行政法的义务，甚至违反来自刑法的义务，因此，承担的法律责任具体就可以分为民事责任、行政责任与刑事责任。在医疗纠纷解决的实践中，医疗纠纷法律责任的主要承担方式是民事责任与行政责任，承担刑事责任的情况相对较少。

其四，医疗纠纷的法律责任通常由有关国家机关做出的或者医患双方协商的具有法律约束力的书面法律文件确定。发生医疗纠纷后，无论是医患双方协商或者在第三方调解下达成的民事赔偿协议，还是国家行政机关对违反法定义务一方的行政处罚决定，还是对有关单位、人员的定罪判刑的刑事裁判，都是确定医疗纠纷法律责任的根据。在这些书面法律文件生效之后，就具有确定医疗纠纷法律责任的功能。医疗纠纷的法律责任不能是停留在人们的抽象观念中，通过这些书面的法律文件就将医疗纠纷的法律责任具体确定了。

其五，医疗纠纷的法律责任具有最终解决医疗纠纷的作用。医疗纠纷的法律责任实际是通过依法制裁医疗纠纷中违反义务的一方来解决医疗纠纷的。法律是代表社会最高权威的国家的意志，并且是以国家强制力保障其实施，依法对医疗纠纷中违反义务的一方的制裁，在依照法定程序生效后，医疗纠纷的当事人必须接受。因此，从医疗纠纷的法律责任具有最终解决医疗纠纷的作用。

二、医疗纠纷法律责任的分类

医疗纠纷的法律责任是医疗纠纷当事人违反其法定义务或者约定义务依法承当的对其不利的法律后果。从医疗纠纷处理的实践需要，可以作如下分类：

（1）根据医疗纠纷法律责任承担的主体的不同，可以分为医方的法律责任与患方的法律责任。

对于医方的法律责任，具体又可以分为医疗机构的法律责任与具体医务人员的法律责任。由于在我国医务人员都是在特定的医疗机构工作，医务人员的行为是一种职务行为，其法律后果理应由医疗机构承担，因此，对于医务人员在医疗活动中违反法定义务或者约定义务的行为，医疗机构应当承担法律责任。同时，国家由于医务人员工作的高度专业性，对其履行职务的行为也通过法律直接规定了法定义务，对医务人员违反法定义务的行为也规定了行政法上的法律责任。从医疗机构与其医务人员在医疗纠纷中承担的具体法律责任内容的差异，也可以明显看出对医疗机构与其医务人员在医疗纠纷中承担的法律责任区分的必要性。

对于患方的法律责任，具体又分为患者的法律责任与患者之外的人的法律责任。医疗纠纷虽然是医患之间由于医疗活动引起的，但医疗纠纷对于患方来说，不仅包括患者本人，还包括其他人，由于其在医疗纠纷中违法行为不同，依法承担的法律责任是不同的。这种对医疗纠纷中患方法律责任的划分对于医疗纠纷的处理具有指导意义，因为在医疗纠纷中，作为患方的不仅有患者，还有患者亲属以及其他非利害关系人（如时下新兴的“医闹”）。

（2）根据医疗纠纷当事人违反的义务的来源不同，医疗纠纷的法律责任可以分为医疗纠纷的民事责任、行政责任、刑事责任。

医疗纠纷的民事责任是医患双方违反医疗服务合同约定的义务造成对方损害依法承担的赔偿对方损失的责任。医疗纠纷的民事责任主要是违反医疗服务合同义务的一方对其造成对方的损失的赔偿责任，其目的主要是恢复对方被损害的权利，这种赔偿责任主要是通过金钱赔偿的方式实现。当然，医疗纠纷的民事责任除了金钱赔偿责任之外，也有其他的责任形式，如赔礼道歉、免费治疗等。

医疗纠纷的行政责任是医方或者患方在医疗活动中违反行政法上的义务国家行政机关依法对其做出的制裁。医疗纠纷的行政责任是对医疗活动中违反行政法上的义务的医方或者患方的制裁，其目的是保障医疗安全、维护正常的医疗秩序。行政法上规定的医患双方的义务具有预防医疗损害发生，维护正常医疗秩序的作用。在医疗纠纷处理实践中，医方承担医疗纠纷的行政责任的情况居多，患方承担医疗纠纷的行政责任的情况较少，其主要原因是在医疗活动中，医方承担更多的行政法上的义务。

医疗纠纷的刑事责任是医方或者患方在医疗活动中严重违反其承担的义务依照刑法其行为构成犯罪而依法承担的刑罚制裁。医疗纠纷的刑事责任是对医疗活动中严重违反义务的行为给予的刑法上的制裁，其目的是借助刑罚方法保障医疗安全、维护正常医疗秩序。

医疗纠纷的刑事责任具体表现为对医疗纠纷中的有关人员定罪判处刑罚。在医疗纠纷处理的实践中，医方承当医疗纠纷刑事责任的情况并不多见，患方承担医疗纠纷刑事责任的情况也非常少。

第二节　医疗纠纷中医方的法律责任

医疗纠纷中医方的法律责任是医方在医疗活动中违反法定的义务或者约定的义务依法承担的对其不利的法律后果。对于医疗纠纷中医方的法律责任，根据我国现行的法律规定，医方的法律责任具体包括民事责任、行政责任、刑事责任三个方面。以下将从这三个方面介绍医疗纠纷中医方的法律责任。

一、医方的民事责任

（一）医方承担民事责任的要件

通常认为，医疗纠纷中医方承担民事责任是基于医方在医疗活动中违反医方负有的谨慎医疗、不得损害患者生命权、健康权的法定义务，换言之，医疗纠纷中医方的民事责任是医方在医疗活动中实施的不当医疗行为侵害了患者的生命权、健康权，因此医疗纠纷中医方承担民事责任应当符合侵权行为成立的条件。根据民法侵权行为成立的理论，同时根据我国《医疗事故处理条例》中医疗事故成立等规定，医方承担民事责任的条件为：

1. 医方是依法成立的医疗机构　根据我国目前对医疗纠纷的界定，只有合法存在的医疗机构与患者之间发生的纠纷才是医疗纠纷，如果非法医疗机构与患者发生纠纷，不按照有关处理医疗纠纷的法律规定处理，而是按照一般的民事纠纷处理，非法医疗机构在相应纠纷中承担的民事责任与合法的医疗机构在医疗纠纷中承担的民事责任存在很大差异。

2. 医方的医疗行为造成了患者正常医疗损害以外的损害事实　通常来说，损害的事实包括三方面：一是人身损害。其中，许多医疗行为对患者人身都有不同程度的伤害，只有当医方的医疗行为造成患者正常医疗损害之外的财产损害、人身损害和精神损害时，医方才可能对患方的承担民事责任。因医方的医疗行为造成患者不应有的人身损害时，一般是医疗事故处理的范畴，医方要承担医疗事故的责任。当患者的不应有人身损害是发生在医方一般的民事行为后，才属于民法规定的民事责任。二是损害事实还包括了财产损害。医方因为自己没有履行法律规定的应尽义务，或者过失行为，可能会导致患者的财产遭受经济损失。例如：因医院设施缺乏维护导致患者人身伤害，除了人身受到损害需要赔偿必要的医药费外，因此而导致的患方经济上的损失同时也是财产损害。三是精神损害。医疗事故本身也有精神损害。那么即使是不构成医疗事故，医方的医疗行为同样可能构成侵犯患者的名誉权、身份权或人格权等方面的精神利益。我国民法通则第120条规定，公民的姓名权、肖像权、名誉权、荣誉权受到侵害的，有权要求赔偿损失。例如在医患之间发生了不涉及医疗过程的争执辱骂、假用他人姓名等现象，就有可能造成患者精神损害。

3. 医方的医疗行为存在过错　医方的民事行为存在过错是对医疗纠纷中医方承担民事责任的主观要求。医方主观过错的内容一般包括两种情况：一种情况是医师对其医疗行为会给患者造成一定的人身损害由于认识上的模糊而没有预见到，最终造成患者不应有的人身损害，这种主观过错属于疏忽大意的过失；另一种情况是医师对其医疗行为可能会给患者造成一定的人身损害明知但轻信能够避免最终造成了患者不应有的人身损害，这种主观过错属于过于自信的过失。虽然从理论上讲医方的主观过错可以是故意，但由于医师职业的基本要求是治病救人，因此，医师对其医疗行为对患者造成正常医疗损害之外的损害不可能存在故意，在医疗纠纷处理的范围内，医生的不当医疗行为的主观过错只能是过失而非故意。

4. 医疗行为和损害后果之间必须有因果联系 根据目前医学知识可以认定患者的不应有人身损害与先前医方的医疗行为存在因果关系，即引起与被引起的关系，就可以认定医方的医疗行为造成了患者正常医疗损害之外的人身伤害、财产伤害或者精神损害。医方的医疗行为对患者造成的损害，可能是经过治疗能够恢复的，也可能是永久性的身体功能丧失；可能是对患者身体健康的损害，甚至导致患者失去生命。

上述医方承担民事责任的条件必须同时具备，缺一不可。

（二）医方承担的民事责任表现

我们可以从医患法律关系的构建中发现医患关系主要是民事法律关系。医疗机构与患者的关系不外乎三种：医疗合同关系；无因管理医疗关系；强制医疗关系。

患者到医院买到挂号单，或者没有挂号而直接去急诊室接受医生的诊疗，或者通过打电话、医院出车接诊。这些方式都构成了医患双方的医疗合同关系，只是合同的形式不同而已。医方在没有法定的义务或约定的义务，而为了患者的生命健康实施的诊疗护理行为便构成民法上的无因管理。无论是医疗合同关系还是无因管理医疗关系，医患双方都构成了一种民事法律关系。如果双方不履行义务或违反合同，均应承担相应的民事责任。

而强制医疗关系“是国家为使公共利益、患者本人以及他人的权利免受正在发生的危险的侵害，强制对某些情况下发生的疾病必须予以救治，而患者也必须接受诊疗。在这种情况下形成的医患法律关系属于强制医疗关系。”[①]比如说强制隔离治疗，强制戒毒等。强制医疗可以说是一种卫生行政机关的行政强制措施，是卫生行政机关在行使自己的职权。所以在强制医疗中，实际上是患者在接受卫生行政机关的行政管理，医方可以说只是国家义务的执行人。患者接受强制医疗的义务不是基于医患之间的合同关系，而是基于国家的行政管理。因此强制医疗关系是一种比较特殊的关系，如果给患者造成损害的，可以要求国家赔偿。

除强制医疗关系外，医患双方形成的是民事法律关系。当患者的合法权利受到不法侵害是，以医方承担民事责任的方式进行救济是最为重要的。

医方的民事法律不管是以何种形式表现出来，但是医方要承担的民事责任的特征是一样的。民事法律责任具有以下的特征：

（1）民事责任以民事主体违反民事义务、侵害他人民事权益为前提。

（2）民事责任是一种以财产责任为主要内容的法律责任。

（3）民事责任具有补偿性而不具惩罚性；以赔偿的方式来弥补受害一方当事人的损失。

（4）民事责任存在一定程度的任意性，允许当事人在一定范围内就责任承担方式、损害赔偿额的计算方法、支付时间、地点、免责条件等进行协商。

---

① 侯雪梅. 患者的权利——理论探微与实务指南. 北京：知识产权出版社，2005，59

（三）承担民事责任的具体形式

在《民法通则》的第134条中规定了民事责任的10种主要承担方式：停止侵害；排除妨碍；消除危险；返还财产，恢复原状；修理、重作、更换；赔偿损失；支付违约金；消除影响、恢复名誉；赔礼道歉。而在具体的医疗纠纷中，民事责任地承担方式主要表现为：

1. 赔礼道歉　对于那些给患者损害程度比较轻微的不是医疗事故的医疗差错（过失）所引起的医疗纠纷，赔礼道歉是比较常用的。它往往能够很好地化解此类医疗纠纷。

2. 赔偿损失　《医疗事故处理条例》用了整整一章，从争议解决途径、确定赔偿数额原则、赔偿项目和标准、赔偿费用的结算方式等方面来规定医疗事故的赔偿，即"第五章医疗事故的赔偿"。对于赔偿金额的确定在《医疗事故处理条例》中规定应该考虑下列因素：①医疗事故等级；②医疗过失行为在医疗事故损害后果中的责任程度；③医疗损害后果与原有疾病状况之间的关系。不属于医疗事故的，医疗机构不承担赔偿责任。

在我国现行的《医疗事故处理条例》中涉及的赔偿问题有几个特点是要注意的：

（1）只有医疗事故才有赔偿，不属于医疗事故的，医疗机构不承担赔偿责任。医疗机构存在医疗过失行为但不构成医疗事故，给患者造成了某种不良后果，医疗机构是否应当向患者承担赔偿责任？这个问题是许多患者及其家属常常问到的问题。毫无疑问，我们的《医疗事故处理条例》第四十九条明确规定：不属于医疗事故的，医疗机构不承担赔偿责任。这与我国的民法通则的过错赔偿原则相悖。由于民法通则是上位法，所以许多学者认为应该按照民法通则的过错赔偿原则，也就是说在不是医疗事故的医疗差错（过失）中，医方应当承担赔偿责任。所以最高人民法院于2003年1月6日公布了《关于参照〈医疗事故处理条例〉审理医疗纠纷民事案件的通知》指出因医疗事故以外的原因引起的其他医疗赔偿纠纷，适用民法通则，以适应社会需求。

（2）对于给患方造成损失，医方承担的是赔偿责任而不是补偿责任。原有的《医疗事故处理办法》第十八条规定："确定为医疗事故的，可根据事故等级、情节和病员情况给予一次性经济补偿。"这与《民法通则》第一百一十九条侵害公民身体造成伤害的应当承担赔偿责任相抵触。《医疗事故处理条例》设专章（第五章）讲述医疗事故赔偿。也就是说《医疗事故处理办法》讲的是补偿，而《医疗事故处理条例》讲的是赔偿。这就与民法通则中的赔偿原则一致。

（3）在医疗事故中的赔偿是补偿性的赔偿，而不是惩罚性的赔偿。因此，在中国没有美国天价的医疗事故赔偿金的案例。

（4）《医疗事故处理条例》明确规定了精神损害抚慰金。我国司法解释在2001年才明确精神损害赔偿责任的。

1）2001年3月10日起施行的《最高人民法院关于确定民事侵权精神损害赔偿责任若干问题的解释》第九条规定精神损害抚慰金包括致人残疾的残疾赔偿金；致人死亡的死亡赔偿金，其他损害情形的精神抚慰金。第十条也规定了精神损害赔偿数额的根据。

2）在2002年9月1日施行的国务院的《医疗事故处理条例》第五十条中规定了精神损害抚慰金这样的赔偿项目极其标准："精神损害抚慰金：按照医疗事故发生地居民年平均生活费计算。造成患者死亡的，赔偿年限最长不超过六年；造成患者残疾的，赔偿年限最长不超过3年。"

3）2004年5月1日施行的《最高人民法院关于审理人身损害赔偿案件适用法律若干问题的解释》在医疗事故损害精神赔偿中的适用。人身损害的赔偿范围，在该《解释》中规定为财产损失和精神损害两部分。第三十一条中把包括残疾赔偿金、死亡赔偿金在内的损害赔偿一律视为物质损害赔偿金，是对财产损失的实际赔偿。而对于精神损害的赔偿是通过规定指引了适用的准据法："受害人或者死者近亲属遭受精神损害，赔偿权利人向人民法院请求赔偿精神损害抚慰金的，适用《最高人民法院关于确定民事侵权精神损害赔偿责任若干问题的解释》予以确定。

3. 返还财产或实际履行 既然认为医患双方有医疗合同关系，那么根据《合同法》的第一百零七条，当事人一方不履行合同义务或者履行合同义务不符合约定的，应当承担继续履行、采取补救措施或者赔偿损失等违约责任。所以在现实的医疗纠纷处理中往往要求违约的医方返还医疗费用并赔偿损失或者要求医方实际履行。

二、医方的行政责任

（一）医方承担行政责任的条件

医疗纠纷中医方的行政责任是医方的医疗行为违反了行政法的义务有关行政机关依法给予的处罚。根据行政法的一般理论，医方承担行政责任的条件为：

其一，医师在进行医疗行为时对其行为的性质、后果是明知的。这是对医师承担行政责任的主观方面的要求。如果医师在进行医疗活动时，由于精神障碍而对其医疗行为的性质、后果缺乏认识，属于法律上所谓的"责任能力的欠缺"，不能对其进行行政处罚。

其二，医师的医疗行为与相关行政法对医师的义务要求不符。这种医师的医疗行为与相关行政法对医师的义务要求不符，可能表现对有关医师义务的违反，如医师违反医疗常规用药，也可能表现为对有关医师义务的不履行，如医师在值班期间擅自离开值班岗位，造成患者得不到及时治疗致使患者出现严重人身损害。

我国一些卫生行政法规关于医方行政责任的规定一般只规定医务人员或者医疗机构存在违反相关行政法规规定的义务就要承担规定的行政责任，如《执业医师法》第三十七条规定：医师在执业活动中，违反本法规定，有下列行为之一的，由县级以上人民政府卫生行政部门给予警告或者责令暂停六个月以上一年以下执业活动； 情节严重的，吊销其执业证书；……。这似乎给人一种印象医方的行为只要违反行政法上其应履行的义务，就要承担行政责任。这是一种误解。因为，当医方能够实施违反其行政法上的义务行为时，法律肯定了其对行为的性质、后果是明知的，因此，医方承担行政责任要求其对医疗行为的性质、后果明知是法律要求的条件。

在医疗纠纷处理实践中，往往医方违反行政法上义务的行为造成患方的损失，医方依法承担行政责任，这给人一种印象：医方违反行政法上义务的行为造成患方的损失也是医方承担行政责任的条件。这种认识也是不正确的。因为行政责任是一种以预防违反行政法的行为为目的，只要存在违反行政法的行为，行为人就要承担行政责任，并不要求这种行为造成一定实际危害后果。

（二）医方承担行政法律责任的表现

承担行政责任的方式就是接受行政制裁，而行政制裁可以分为行政处罚与行政处分。

行政处罚是针对被管理者（行政主体的相对方），而行政处分是针对行政机关内部人员的。

行政处分的具体方式有；警告、记过、记大过、降级、撤职、开除。行政处罚的具体方式有：警告；罚款；没收违法所得、没收非法财物；责令停产停业；暂扣或者吊销许可证；暂扣或者吊销执照；行政拘留。

《医疗事故处理条例》在第六章罚则中规定了医疗事故中相关主体所应该承担的行政责任。它既规定了卫生行政部门及其工作人员、专家鉴定组工作人员的法律责任；也规定了医疗机构及其医务人员的法律责任；同时还规定了自然人、法人及其他组织的法律责任。

1. 生行政部门及其工作人员的行政法律责任　卫生行政部门如果有下列行为之一者，将承担行政责任。由上级卫生行政部门给予警告并责令限期改正；情节严重的，对负有责任的主管人员和其他直接责任人员依法给予行政处。

（1）接到医疗机构关于重大医疗过失行为的报告后，未及时组织调查的。

（2）接到医疗事故争议处理申请后，未在规定时间内审查或者移送上一级人民政府卫生行政部门处理的。

（3）未将应当进行医疗事故技术鉴定的重大医疗过失行为或者医疗事故争议移交医学会组织鉴定的。

（4）未按照规定逐级将当地发生的医疗事故以及依法对发生医疗事故的医疗机构和医务人员的行政处理情况上报的。

（5）未依照本条例规定审核医疗事故技术鉴定书的。

卫生行政部门工作人员利用职务上的便利收受他人财物或者其他利益，滥用职权，玩忽职守或者发现违法行为不予查处，造成严重后果，尚不够刑事处罚的，依法给予降级或者撤职的行政处分。

2. 医疗机构及其医务人员承担的行政法律责任　在与医疗卫生管理有关的法律、法规部门规章中对医疗机构及其医务人员承担的行政法律责任作了明确的规定。如：《中华人民共和国执业医师法》（1999年5月1日施行，全国人大常委会）第五章法律责任；《医疗事故处理条例》（2002年9月1日实行，国务院）第六章罚则；《中华人民共和国护士管理办法》（1994年1月1日起施行，卫生部）第五章罚则；《医疗机构管理条例》（1994年9月1日施行，国务院）第六章罚则；《医疗机构管理条例实施细则》（1994年9月1日起施行，卫生部）第七章处罚等。医方的行政法律责任集中体现在以下几个规定：

（1）医疗机构发生医疗事故的，医疗机构承担的行政责任：警告；停业整顿；吊销执业许可证。由卫生行政部门根据医疗事故等级和情节，给予警告；责令限期停业整顿；由原发证部门吊销执业许可证。

（2）《医疗事故处理条例》第五十六条规定医疗机构违反本条例的规定，有下列情形之一的，由卫生行政部门责令改正；情节严重的，对负有责任的主管人员和其他直接责任人员依法给予行政处分或者纪律处分：①未如实告知患者病情、医疗措施和医疗风险的；②没有正当理由，拒绝为患者提供复印或者复制病历资料服务的；③未按照国务院卫生行政部门规定的要求书写和妥善保管病历资料的；④未在规定时间内补记抢救工作病历内容的；⑤未按照本条例的规定封存、保管和启封病历资料和实物的；⑥未设置医疗服务质量监控部门或者配备专（兼）职人员的；⑦未制定有关医疗事故防范和处理预案的；⑧未在规定时间内向卫生行政部门报告重大医疗过失行为的；⑨未按照本条例的规定向卫生行政部门报告医疗事故的；⑩未按照规定进行尸检和保存、处理尸体的。

3. 负有医疗事故责任的医务人员承担的行政责任 医务人员在什么样的情况下承担行政责任？一般认为：首先，医务人员在诊疗护理工作中违反了医疗卫生管理法规、行政法规、部门规章和诊疗护理规范、常规。其次医务人员主观上是过失而不是故意。如果是故意，那就不属于医疗事故的范畴了，而是故意杀人或故意伤害了。再次，由于医务人员的过失行为给患者造成了一定程度的损害。医务人员危害行为的严重程度超出了批评教育的限度而尚不够刑事处罚。

（1）医疗机构内部对负有医疗事故责任的医务人员给予的处分：对负有医疗事故责任的医务人员尚不够刑事处罚的，依法给予行政处分或纪律处分。“行政处分，是国有医疗机构按行政隶属关系，给予造成医疗事故的义务人员的一种制裁措施。纪律处分是非国有医疗机构内部按照行政隶属关系，给予造成医疗事故的义务人员的一种制裁措施。”[①]因此医疗机构内部可以对对负有医疗事故责任的医务人员给予行政处分与纪律处分。国有医疗机构的医务人员给予行政处分，非国有医疗机构的医务人员给予纪律处分。

（2）卫生行政机关对负有医疗事故责任的医务人员给予的处分：卫生行政部门可以责令负有医疗事故责任的医务人员暂停6个月以上1年以下执业活动；情节严重的，吊销其执业证书。

4. 参加医疗事故技术鉴定的工作人员的行政法律责任 参加医疗事故技术鉴定工作的人员违反《医疗事故处理条例》的规定，接受申请鉴定双方或者一方当事人的财物或者其他利益，出具虚假医疗事故技术鉴定书，造成严重后果的，尚不够刑事处罚的，由原发证部门吊销其执业证书或者资格证书。

5. 其他相关机构、组织或人员的行政法律责任 主要涉及医方在医疗行为之外的尸体处理、病历管理等方面的规定。医疗机构或者其他有关机构违反相关的规定，有下列情形之一的，由卫生行政部门责令改正，给予警告；对负有责任的主管人员和其他直接责任人员依法给予行政处分或者纪律处分；情节严重的，由原发证部门吊销其执业证书或者资格证书：①承担尸检任务的机构没有正当理由，拒绝进行尸检的。②涂改、伪造、隐匿、销毁病历资料的。③以医疗事故为由，寻衅滋事、抢夺病历资料，扰乱医疗机构正常医疗秩序和医疗事故技术鉴定工作，尚不够刑事处罚的，依法给予治安管理处罚。

三、医方的刑事责任

刑法是社会关系的最后一道保护屏障，当违法行为达到一定严重程度时，就会成为刑法所制裁的对象。在医疗纠纷处理中涉及的主要有以下几种犯罪。

（一）医疗事故罪

我国刑法第三百三十五条规定：“医务人员由于严重不负责任，造成就诊人死亡或者严重损害就诊人身体健康的，处三年以下有期徒刑或者拘役。”刑法把医务人员在医疗服务过程中与患方发生的医疗纠纷纳入了其规范范围，对于医务人员严重不负责任，对患者造成一定程度的严重损害的行为规定为犯罪，以促使医务人员在医疗服务活动中以更高的责任心对待患者。根据刑法规定，医疗事故罪的构成要件为：

① 林龙，于淑萍主编. 医疗事故处理实务与案例评析. 北京：中国工商出版社，2003，8，219

1. 医疗事故罪的犯罪客体 医疗事故罪侵犯的是复杂客体，既包括正常的医疗秩序，也包括患者的人身权。我国刑法把医疗事故罪放在第六章妨害社会管理秩序罪的第五节危害公共卫生罪中，说明刑法上认为该罪侵犯的主要客体是国家对公共卫生和医疗活动的管理秩序，次要客体是患者的健康权。

2. 医疗事故罪的犯罪主体 一般认为，医疗事故罪的犯罪主体是医务人员。医务人员是指医疗机构中取得合法执业资格的专业技术人员，包括医生、护士、技术人员。只有取得合法执业资格的医学专业技术人员才能够成为医疗事故罪的犯罪主体，而且这些人员应当根据所取得的执业证书上所表明的执业范围、执业地点进行执业，除非经过医疗机构或者卫生行政部门的合法批准，医务人员在非执业地点所从事的医疗行为过失造成患者严重损害的不能认定为医疗事故罪。

3. 医疗事故罪的犯罪主观方面 医疗事故罪的主观方面是过失，也就是说医务人员应当预见自己在诊疗护理工作中，违反法律法规和诊疗护理规范、常规的行为，会发生就诊人死亡或严重损害就诊人身体健康的后果，因为疏忽大意而没有预见或者已预见但轻信能够避免，以致造成了严重的后果。

4. 医疗事故罪的犯罪客观方面 医疗事故罪的客观方面是严重不负责任造成就诊人死亡或者严重损害就诊人身体健康。首先，有严重不负责任的行为。所谓严重不负责任是指医务人员在诊断、处方、用药、麻醉、手术、输血、护理、化验、消毒、查房等诊疗护理工作的各个环节中，违反规章制度和诊疗护理常规，不履行或不正确履行诊疗护理职责，粗心大意，草率行事。其次，要有造成就诊人死亡或严重损害就诊人身体健康的后果。死亡的后果比较容易认定，但所谓严重损害就诊人身体健康，并没有明确的法律和司法解释做出规定。在学界，有人认为应当按照司法部、最高人民法院、最高人民检察院、公安部1990年3月29日印发的《人体重伤鉴定标准（试行）》第二条的规定来确定，该条规定："重伤是指使人肢体残废、毁人容貌、丧失听觉、丧失视觉、丧失其他器官功能或者其他对于人身健康有重大伤害的损伤。"达到该标准中规定的重伤程度才可能构成医疗事故罪客观方面要求的严重程度；也有观点认为所谓严重损害就诊人身体健康应按照2002年卫生部发布的《医疗事故分级标准（试行）》的规定来衡量，认为构成二级以上医疗事故的，可以被认定为医疗事故罪的犯罪客观方面。因为立法不明确，也没有相应的司法解释，在司法实践中，对于严重损害就诊人身体健康的标准还存在认识和适用上的不统一的问题。

（二）非法行医罪

《刑法》第三百三十六条规定：未取得医生执业资格的人非法行医，情节严重的，处三年以下有期徒刑、拘役或者管制，并处或者单处罚金；严重损害就诊人身体健康的，处三年以上十年以下有期徒刑，并处罚金；造成就诊人死亡的，处十年以上有期徒刑，并处罚金。

因为我国医疗资源的分配不均和相对不足，以及经济的原因，在现实中存在患者到没有执业资格的 "医生"处看病的情况，二者就损害后果而发生纠纷时，严格说来，这不是医疗纠纷，但因是与患者寻医治疗疾病相关的行为，所以，在这里也作以论述。

（1）非法行医罪的主体。该罪的主体是没有取得医师执业资格的人。根据《中华人民共和国执业医师法》规定，要取得医师执业资格，必须经医师资格考试成绩合格，且向所在地县级以上人民政府卫生行政部门申请注册之后，才可以取得在医疗、预防、保健机构中执业的资格，并且在执业时应按照注册的执业地点、执业类别、执业范围执业。由此可知，非法行医罪的主体可以包括没有取得医师执业资格的人，还可以包括虽然取得医师执业资格，但是没有按照注册的执业地点、执业类别、执业范围执业的人。比如有的取得医师资格的人，在家里为患者治病造成其严重损害的，就构成非法行医罪，而不能构成医疗事故罪。

（2）非法行医罪的客体是国家正常的医疗管理秩序和公民的身体健康。

（3）非法行医罪的主观方面是故意，即明知无医师执业资格仍非法行医。

（4）非法行医罪的客观方面，表现在无医师执业资格非法行医情节严重的行为，所谓情节严重，一般是指：多次被取缔后仍然非法行医的；从事危险性较大的诊疗活动的；非法行医获利巨大的；损害就诊人健康的；采取愚昧、野蛮的方法的等。

在实践中，应当注意非法行医罪与医疗事故罪的界限。两罪的主要区别有：①犯罪主体不同。非法行医罪的主体是未取得医师资格的人或者虽有医师资格但没有按照执业范围和执业地点执业的人，医疗事故罪的主体是已经取得医师执业资格且合法执业的人。②客观方面不同。非法行医罪在客观上表现为未取得执业资格而非法行医，情节严重的行为。医疗事故罪在客观上表现为，在合法行医的过程中严重不负责任，造成就诊人死亡或者严重损害就诊人身体健康的行为。③主观方面不同。非法行医罪在主观方面为故意，医疗事故罪在主观方面为过失。

（三）非法为他人进行节育手术罪

刑法第三百三十六条第二款规定，未取得医生执业资格的人擅自为他人进行节育复通手术、假节育手术、终止妊娠手术或者摘取宫内节育器，情节严重的，处三年以下有期徒刑、拘役或者管制，并处或者单处罚金；严重损害就诊人身体健康的，处三年以上十年以下有期徒刑，并处罚金；造成就诊人死亡的，处十年以上有期徒刑，并处罚金。

（1）非法进行节育手术罪的主体是未取得医师执业资格的人。

（2）非法进行节育手术罪的客体是正常的计划生育秩序和他人的身体健康。

（3）非法进行节育手术罪的主观方面是故意。

（4）非法进行节育手术罪的客观方面表现为擅自为他人进行生育或堕胎等手术。

第三节　医疗纠纷中患方的法律责任

本章前文所述主要是讨论医方的法律责任，但是并不是所有的医疗纠纷都是由于医方的过错造成的。由医患双方的过错或患方的过错造成的医疗纠纷，其中患方又承担什么样的责任呢？

一、患方的民事责任

医患关系有三种：医疗合同关系；无因管理医疗关系；强制医疗关系。在医疗合同关系与无因管理医疗关系中由于患方的过错引起的医疗纠纷，患方承担什么责任呢？这样的平等主体之间的民事法律关系适用《民法通则》。因此患方可能承担的责任有违约责任与侵权责任。如患方不及时缴纳医疗费用，可以根据民法通则和合同法，让患方承担违反合同的民事责任。在无因管理医疗关系中，根据民法通则第九十三条的规定，医方有权要求患方支付必要的费用。如果患方不支付，那就因侵犯了医方的财产权而承担民事侵权责任。患方侵占，破坏，损坏医方财产的，应当侵犯财产权的民事责任，应当赔偿损失。患方对医生造成其他民事伤害的，根据民法通则的一百一十九条承担侵害生命健康权的民事责任，赔偿相关的费用。患方侵犯医生的名誉权，荣誉权，必须承担侵害人格权的民事责任，即停止侵害，恢复名誉，消除影响，赔礼道歉，赔偿损失。

二、患方的行政责任

国家为了使公共利益、患者本人以及他人的权利免受正在发生的危险的侵害，强制医疗机构对某些情况下发生的疾病必须予以救治，而患者也必须接受诊疗。在这种情况下形成的医患法律关系属于强制医疗关系。有因紧急救治而形成的强制医疗关系；对传染病的强制治疗所形成的强制医疗关系；有对酗酒闹事者、吸毒者、暴力倾向的精神病患者等可能危害他人合法权益的公民进行强制治疗所形成的强制医疗关系。强制医疗关系中，主体双方实际上就是国家和患者，医方只是国家的执行者。这种强制医疗行为就是一种具体的行政行为。患方必须履行自己的义务，否则会受到警告、罚款、行政拘留等行政处罚。其实不管医患关系是医疗合同关系、无因管理医疗关系还是强制医疗关系，医患双方都必须遵守相关的医疗行政法规，否则承担相关的行政责任。

三、患方的刑事责任

《医疗事故处理条例》第五十九条规定：以医疗事故为由，寻衅滋事、抢夺病历资料，扰乱医疗机构正常医疗秩序和医疗事故技术鉴定工作，依照刑法关于扰乱社会秩序罪的规定，依法追究刑事责任；尚不够刑事处罚的，依法给予治安管理处罚。刑法第二百九十条规定，聚众扰乱社会秩序，情节严重，致使工作、生产、营业和教学、科研无法进行，造成严重损失的，对首要分子，处三年以上七年以下有期徒刑；对其他积极参加的，处三年以下有期徒刑、拘役、管制或者剥夺政治权利。

前面在医疗纠纷处理中涉及的行政法律中已经讲到，发生医疗纠纷后，有的患方不是按照法律规定的方法和途径去寻求医疗纠纷的解决，而是采取一些纠集众人围堵医院、砸烂医疗设施、在医院内大吵大闹、强占病房和办公场所、拒绝将尸体移走，扰乱医疗机构正常的医疗秩序等行为寻求医疗纠纷的解决，这种非法行为造成严重损失的时候，就会构成聚众扰乱社会秩序罪。

在现实中还存在患者在寻求医疗纠纷的解决时，采取极端的行为，伤害、杀害医务人员，采取各种方式侮辱医务人员，这种行为，达到一定程度时，应按照《刑法》的规定，按照故意伤害罪、故意杀人罪、侮辱罪等罪名进行定罪处刑。

第九章 医疗纠纷的防范和处理

目前医疗纠纷有愈演愈烈之势，医疗纠纷一旦发生，尤其是患方动用众多亲属、同乡，或者花钱雇职业医闹者，在医院聚众闹事，轻者造成医院诊疗秩序混乱，重者造成医院停诊，医护人员该打受伤。因此，医疗纠纷的预防和处置已经成为医院重要的工作内容。

第一节 医疗纠纷的危害及其影响

1. 医疗纠纷对病人及其家属的影响 医疗纠纷会对病人和家属都造成不良影响，使他们对主管医生和医院产生不信任，有时甚至是仇恨心理，造成身体和精神上的伤害。尤其是医疗差错和医疗事故，能直接造成病人死亡、残废或组织器官损伤，功能障碍等严重后果。即使最后得到了部分经济补偿，也远远不能弥补医疗事故带给病人及其家属的痛苦和精神负担。

2. 医疗纠纷对医生个人的影响 为避免医疗风险，害怕医疗纠纷的发生，一方面医生不敢收治危重病人，不敢开展高新技术，在诊治过程中医生以保护自身安全为最高原则，最后病人的治疗效果受到影响；在客观上也阻碍了医疗技术的普及和提高。另一方面，发生医疗纠纷后，医生个人思想负担加大，也必然会影响到医生在医疗过程中的服务质量，对其他病人的治疗活动造成不利影响，甚至个别纠纷中出现对医生个人的身体伤害。

3. 医疗纠纷对医疗单位的影响 医疗活动具有很强的风险性，医疗效果受到很多因素的影响和制约。例如现有医疗学科技术水平、医务人员的业务素质和职业道德、医疗仪器设备的产品质量以及病员个体差异性等等。在某种意义上来说医疗纠纷的发生在所难免。为了解决纠纷医疗单位不得不投入了大量的人力和财力，医疗服务质量受到的影响也越来越大。发生医疗纠纷对医疗单位的影响是多方面的，比如严重干扰了正常的医疗秩序，加重了医务管理部门的工作量，增加了医疗单位的经济负担，加重了医务人员的心理压力，损害了医院合法的经济权益，影响了医疗单位和医务人员在社会上的声誉等。

4. 医疗纠纷对社会的影响 医疗纠纷的发生，不仅给医患双方带来许多不良影响，同时也间接地影响到整个社会。部分患者及家属还会为了取得高额经济补偿，把医疗纠纷带到社会上，试图利用社会舆论向医院施加压力，必然加重卫生行政部门的运作成本。医疗纠纷发生后，医患双方如果不能达成一致意见，就会请求卫生行政部门进行调解和处理。如果医患有一方对卫生行政部门的调解不满意，卫生行政部门还要负责召集进行医疗事故鉴定，再根据鉴定结果进行相应的处理，当然也可直接提交法院解决，但医疗案件本身具有个性化和极强的专业性，办案人员即便精通医学，审理医疗纠纷案件难度也较大，公正合理地解决医疗纠纷仍然有很大困难。医疗纠纷的解决，往往牵涉到医患双方、保险、法院等许多单位和部门，引发出一系列社会问题。

5. 医闹对社会和医患双方的危害 所谓“医闹”，就是在发生医疗纠纷或医疗事故后，专门帮患者家属到医院闹事，向医院索要赔款并获得经济好处的人。因为医疗资源的有限性和人们对医疗服务要求的无限性、人们享受医疗服务有失公平、物价上涨超出了人们心里预期值或支付能力，医疗信息的不对称性、法制的不健全和人们法制观点的薄弱、维权的手段少和现实解决医疗纠纷的机制存在一定的缺陷等社会矛盾的客观存在，导致了医闹的产生。“医闹”具有以下特点：①有组织、有计划。“医闹”花钱请来一帮人，每个人做什么，患方人员做什么都有明确的分工。②掌握一定的法律常识。他们往往打着生命权和人权的幌子，使得公安、司法不便介入。③具有煽动性、欺骗性。以弱者身份出现，抓住人们同情弱者的心里，骗取社会的同情和支持。④持久性。“医闹”的目的就是为了钱，并不是真正意义上的为了维护患者的利益，不达目的不收兵，大有职业化的味道。

“医闹”们在医院闹事时，一般采取抓住一点、扩大事态，或无中生有、造谣生事，蒙蔽不明群众，胁迫医院就范；或采取极端的手段，如到医院设灵堂、拉横幅、烧纸钱、连续哭闹、要挟自杀、围攻、侮辱医护人员、拥堵医院或科室大门等。近年来，“医闹”的职业化倾向越来越明显，对医院正常的医疗秩序产生了极恶劣的影响，对医院、社会的破坏性也越来越大。

“职业医闹”的出现给医院、患者及社会带来多方面的严重负面后果：①开了以“闹”解决医患纠纷的先例。如果过激的维权方式屡屡得手，就会在社会公众中产生以“闹”方法来维权的模仿跟进，增加社会不稳定因素；②助长了社会不良习气；③“医闹”给医务人员带来了心理伤害，甚至是肉体的伤害，有时还会诱发出新的社会矛盾，激化潜在矛盾；④恶化了医患之间的关系。医闹有组织出现的现象，增加了医生的心理压力，加剧了医患之间的不信任，必然造成医生对待疑难病症病人的推诿和拒医，阻碍医疗新技术的开展。为了减少个人的风险，在病人诊断上更多的借助医疗仪器，加大患者的医疗开支。

“医闹”是对法制建设的公然践踏，也是挑衅科学的蒙昧行为，但“医闹”暴露出来的问题告诉我们如何创造更加和谐的医患关系是亟待解决的大问题。我们注意到解决“医闹”涉及多环节、多部门，有一定的复杂性，比解决单纯的医疗纠纷动用的社会成本和经济成本要高得多，所以，解决“医闹”的最好方法是防范和减少医疗纠纷的发生。

第二节　加强医院管理，防范医疗纠纷

随着人们科学文化素质的提高和法律知识的普及，患者用法律手段来维护自身权益的意识日益增强。病人对医疗结果期望值的无限性与现阶段医疗水平和公益福利的有限性，使医患关系的矛盾始终存在。此外，随着市场经济在医疗领域的渗透，科学技术不断在医学领域的应用，医生的人文精神却在这个过程当中不断丢失，由此导致医患之间的矛盾越来越突出，医疗纠纷也愈演愈烈。因此，在医院管理和临床医疗工作中必须采取针对性措施，以防范和减少医疗纠纷的发生。

一、完善各项规章制度、工作流程和技术操作规范

1. 完善各项管理工作制度、制定合理的工作流程　医务人员普遍对医院管理制度和相关法律法规在思想认识上不够重视，认为只要能看病就是好医生。医院管理者一般觉得医生、护士受到的教育和训练多，对医疗相关的制度和法规应该了解，相信医护人员能自己管好自己。因此，对其为病人服务方面的要求较多，而对严格遵守有关规章制度和工作流程方面的要求相对较少。有时往往等到医疗纠纷发生后，分析总结时才发现是因工作流程

过于烦琐或不合理，医护人员难以执行引起的。还有的是无明确的工作指引或流程，出现问题后相关人员不知如何有效处理，以及有的是缺乏相应的规章制度等等。因此，在医院日常管理工作中，医务人员除了应该严格遵守各项制度外，还应该及时主动对照有关工作制度，提出对工作流程的合理化建议。同时医院的管理者也要经常下到临床科室掌握第一手临床资料，多聆听临床一线工作人员的意见，及时了解临床遇到的问题，对各项工作制度和工作流程及时依照现有的法律法规进行修订和完善，从制度上防范纠纷的发生。

2. 建立各种技术操作规范，明确岗位职责 医务人员和病人构成了医疗活动的主体，医务人员在为病人提供医疗服务的过程中，医生处于绝对的主导地位，活动的过程很难受到监督。医生的诊疗过程是否规范、是否存在不足，如果主诊医生不将医案拿出来讨论，其他人员很难发现。由于掌握知识和信息的不对称，病人也很难对医生的诊治方案提出合理的意见。因此，制定对各种疾病诊治的指南和规范，并要求医生严格执行就显得尤其重要。各专业科室应根据本专业特点，结合上级卫生行政部门的要求、学科进展情况及相关医学团体如中华医学会主持编写的《临术技术操作规范》等为蓝本，制定符合本院实际情况和相关要求的技术规范。

针对医生工作具有较大自由度的特点，应根据《执业医师法》、《护士管理办法》、《全国医院工作条例》、《医疗机构管理条例》等法律法规，制定出各科室的工作规范，明确临床各级工作人员的岗位职责。使各级医生能明确自己的岗位和自己的岗位职责，更好发挥个体的主观能动性，做好对病人的服务。同时从管理角度上看，由于各项工作、职责可以落实到具体执行人身上，确保了工作能够有序开展和有力的监督。因此建立技术操作规范，制定岗位和岗位职责对有效防范医疗纠纷和医疗事故的发生具有十分重要的意义。

3. 建立各项应急工作预案，完善医院的应急体系管理 公共卫生突发事件是指因群体性事件、灾害性事故、或/和大面积的传染病流行等造成群死群伤的事件。医院经常要面对各种难以预见的紧急情况和突发事件，如果医院没有一个好的应急预案，在应对这类突发事件时，上至医院管理人员，下到临床一线工作人员将瞬间陷入无序状态。人员的调配、应急物资的供应、病人的紧急处理等都会出现混乱，医疗安全将受到严重挑战，混乱造成医疗安全隐患，导致医疗纠纷将不可避免。为此，政府部门、卫生行政部门都相继制定了各类应急预案。医院应根据的实际情况，制定出符合自己医院实情的各项应急预案，如医疗事故、医疗纠纷防范和处理预案、各种重大疫情应急处理预案、突发公共卫生事件医疗紧急救护应急预案、医院停电应急预案、医院信息系统崩溃应急处理预案等。一部好的防范和应急处理预案，能够有效地协调医院内部和医院与行政管理部门之间的联系，短时间内能使医院各个岗位自行高效、有序地运转起来，能最大限度地保证医院减少时间、人力和物力的浪费，并有效地化解各种潜在的医疗安全隐患和医疗风险。

二、加强医务人员培训工作，提高综合素质

1. 建立完善的岗前培训和继续医学教育 刚从医学院校毕业的医务人员，在学校和临床实习过程中主要从事系统的医学基础知识学习和专业的技能培训，但是对防范医疗风险、保障医疗安全的方面的知识仍比较缺乏，普遍缺乏防范医疗风险、有效与病人沟通的能力和意识。所以医院要加强岗前教育培训，通过学习，使他们树立防范医疗风险和自我

保护的意识，提高与病人的沟通能力。涉及医患纠纷的教育的主要内容包括：①医德医风教育，牢固树立以病人为中心的服务理念；②医疗卫生事业的方针政策、法律法规教育，牢固树立依法执业、执法行医的理念；③医德规范和人文医学教育，注重医疗服务的科学性和艺术性；④医院工作制度、操作常规、医疗安全措施及各类人员岗位职责；⑤当地医疗卫生工作概况及所在医院情况；⑥医疗文书书写等。岗前教育方式可有多种方式，如由医院自己组织集中培训或委托给专门的培训机构进行培训，也可以由知名的企业或管理机构根据医院要求代为培训。

2. 加强职业道德培训，树立良好的医德医风 高尚的医德，能增强患方的信任感，降低医疗纠纷的发生率。然而，由于复杂的社会原因，医务人员医德医风存在了一定的问题。例如：出现了诸如红包、回扣以及乱收费等行业不正之风，一些医务人员在对待病员的态度上出现冷、硬、顶、气等现象。医疗纠纷的发生，几乎都涉及医德医风问题。有一些非医疗技术原因引起的纠纷，则纯粹由医德医风问题引起。因此，加强医务人员的职业道德教育，抵制和纠正行业不正之风十分必要。

进行医德医风教育，一是要有针对性：针对医务人员在医德医风方面存在的问题，不失时机地、有的放矢地进行教育，这样就能"趁热打铁"，收到立竿见影的效果。二是要经常性：就是要对医务人员进行坚持不懈的、持之以恒的、经常性的医德医风教育。要有计划地、分阶段地对各类医务人员进行系统的教育，把针对性和经常性有机地结合起来。三是要有效性：就是要注重教育的效果。通过医德医风教育，促进医护人员树立良好的职业道德。坚持救死扶伤、全心全意为伤病员服务、为人民健康服务的宗旨。

医德教育的形式多样，可以采用座谈方式，如医护人员之间交流、医患关系之间交流等等；可以采用培训的方式，如语言艺术、交流艺术及沟通艺术等的培训；将发生在自己医院或其他医疗单位的事件提出来进行学习、反思等。

3. 加强人文素质培训，提高与病人沟通的能力 医师的人文素质不是先天形成也不是学校培训得来的，而是通过后天的知识积累和在社会实践当中慢慢积淀下来的一种良好品质。它展示了个人的气质、形象和文化底蕴、对病人的亲和力和沟通能力等。在科学技术日新月异的今天，有的医师注重医疗技术水平、医学基础知识、医疗科研水平的巩固和提高，却忽视医疗服务的艺术性和人文关怀。人文素质和人文关怀在临床工作和医疗纠纷防范上具有重要作用。人文素质好的医师，沟通能力较强，病人感到很具有亲和力，对其特别信任；他们也善于将一些医疗知识和医疗风险在与病人的交流中传递给患者而不会招致抵触情绪的产生；发生了纠纷也能够彼此多一分理解，解决起来也容易得多。反映到患者的择医心理上，就可以看见有的医生诊室门庭若市，医生在患者中的口碑极好，有些技术水平高的医师门前冷冷清清，乏人问津。

医院在长期的发展过程中也逐渐积淀了医院自己的文化，良好的医院文化对后来者有一种潜移默化的影响，使后来者能很快、更好地融入到医院，使医院成为一个和谐友爱的团体。因此，通过职工的人文素质教育和人文技能的培训，提升医院的整体人文文化，对促进医院健康、和谐的发展具有非常重要的意义。

4. 加强法律知识培训，增强法律意识 增强医务人员法律意识。首先，医护人员必须明确自己的权力和责任，明确患者的权力和责任；其次，明确医患关系的法律地位和出现医疗纠纷后可能涉及的各自应该承担的法律责任；对医院及其医务人员自觉严格遵守国家的宪法和法律，遵守有关的医疗卫生行政管理法律、法规和规章，遵守有关的诊疗、护理技术规范和常规有积极的推动作用，对有效防范与处理医疗纠纷，有着积极的作用。

医务人员要做到守法，必须先做到知法和懂法。临床医疗和法学是两个专业性都比较强的学科，医务人员懂医不懂法，对相关的法律知识不了解，在日常工作中，法律意识淡漠，表现在医疗过程不能严格按操作规程和技术规范进行检查和治疗，轻视医疗文书、医疗检查、检验报告和其他医疗文件的管理，轻视医疗流程和操作的正规化、标准化，对医疗文书的准确性、时效性重视不够，或不按执业证规定的范围执业，直至出现差错，产生纠纷，需要承担举证时才体会到其重要性。这就要求医院必须坚强对医务人员进行卫生法律、法规的培训和教育。知法能够使医疗机构及其医务人员在保护患者合法权益的同时，也依法保护自身的合法权益。

对医务人员的法制教育和培训，要坚持法制宣传教育和岗位实际工作相结合的原则，提高医务人员的法律意识，使医务人员能够做到严格依法执业，认真贯彻执行有关法律、法规和部门规章，保证各项规章制度落到实处。为了防范医疗纠纷的发生，妥善处理医疗纠纷争议，医疗机构还要加强对医务人员进行《医疗事故处理条例》及其相关法律法规的培训。比如按照《医疗事故处理条例》的规定，患者享有知情权，相应的，医务人员就有告知义务，如果医务人员根本就不知道按照法律规定自己还有告知义务，就无法履行好告知义务。

5. 加强专业知识与技能培训，努力提高业务水平 钟南山院士就如何做个合格医生曾发表看法，他认为：一个医师如果只有良好的职业道德，没有精湛的医疗学术水平，对病人的服务态度好，但不能解除病人的病痛，他不是一个合格的医师；一个合格的医师必须有良好的职业道德，还必须具备高超的医疗技术，二者缺一不可。医疗是高技术集中的特殊服务事业，医务人员面对的是复杂、繁多的疾病、不断改变的环境因素、个体差异性和科学技术进步带来医学日新月异的发展。人们对疾病和对人体的研究和认识不断深入，但还有许多的未知数，很多领域有待我们去探索，这就决定了医疗活动有一定的未知性、复杂性和危险性。没有高超的医疗技术水平，救死扶伤就是一句空话。科学的发展要求医务人员不断学习、跟上科技进步的步伐，努力提高业务水平，才能为病人提供优质服务，赢得病人的信任。

实践中，不少医务人员的诊疗护理水平不高，面对复杂情况不能应对，导致病人发生不应有的损害后果而引起医疗纠纷。医务人员必须加强自身业务学习，提高业务素质和服务质量，这是减少医疗过失，防范医疗纠纷的关键所在。医务人员自身应增强学习的自觉性，医院也要对各级各类人员进行业务学习和培训，建立和完善继续医学教育制度，严格考核，开展科研，进行学术交流，团结协作，使医疗水平不断提高，更好地为病人服务。医院要发展，要防止纠纷，人才是关键因素。医院要通过选送人员进修学习，请上级医院医师会诊、授课等请进来、走出去方式，通过不断提高医师的诊断水平和操作技术水平，防止因误诊、误治诱发医疗纠纷。

6. 重视临床实习生的教育 医学院校对医学生法律知识教育普遍滞后于专业知识教育，进入临床实习的医学生在基础课阶段很少接受此类专门教育，实习生在临床实习过程和新毕业参与临床工作，缺乏必要的法律意识和自我保护意识，容易导致医疗纠纷。实习生进入临床阶段接触病人，很难得到病人的信任和配合，如果医学知识不扎实，就容易顾此失彼，如果态度诚恳、有一定的人文医学基础和沟通能力，或可得到患者的谅解，否则就容易产生纠纷。因此，在临床实习教学中加强实习生防范医疗纠纷意识和人文精神与人文医学技能的培养，已成为一个不可忽视的重要问题。

要想防范医疗纠纷，就必须首先了解可能引起纠纷的环节。医学生临床实习阶段易发生医疗纠纷的环节主要有：①基础知识和基本技能不过关：在临床实习过程中，医学生将基础课学到的基本理论应用到实际诊疗过程中。在这个阶段，医学生不仅需要学会将所学的理论知识融会贯通到临床实际应用中，还要掌握一些基本临床操作。然而实习生刚刚接触临床时，往往会忽视基本理论，而对手术操作本身更感兴趣，错误地认为手术操作才更能反映医生的水平。在对手术操作适应证、禁忌证、操作基本流程不熟悉、可能出现的并发症及解决办法不掌握的情况下急于实践，结果在具体操作过程中可能出现手忙脚乱，甚至违反操作规程的情况，导致医患纠纷发生。②疏忽医疗文书的书写：医疗文书书写是每位临床医生必须掌握的基本功，是学生实习的重要内容之一。在临床教学医院，医疗文书有部分由实习医生完成。实习生往往对疾病诊断、手术操作等更感兴趣，而忽视对医疗文书的书写。为完成任务，实习生“拷贝”病历现象极其严重，常常会漏掉一些重要的细节。③对病情变化观察、记录不及时：对病程变化观察不仔细，甚至对疾病转归有重要意义的体征，都有可能观察不出或不能判断，贻误抢救时机。重要的病情变化、治疗方案变更记录不及时或漏记等，如果带教老师检查不认真，修改不及时，也往往可直接导致医疗纠纷；或一旦发生医疗纠纷后，对医院举证极为不利。④医患沟通缺乏技巧：医学生刚进入临床实习阶段，从与书本打交道到开始与人打交道，从学生到医生，角色变化大，多不能立即适应。遇到问题，思考更多的是从专业、医疗角度来看问题，往往忽略了主体人的存在，人文精神和人文医学技能抛在了脑后；忽略了与患者的沟通，在与患者交代病情时没耐心，不细致，造成患者不满意，最后导致医患间不信任。有时会在带教老师不知情，自己又对病情把握不准确的情况下，擅自向患者及家属交代病情，把疾病预后讲得过于悲观，给患者及家属带来不必要的精神负担；或过于乐观、言过其实，当治疗效果与“预期结果”不一致，往往也会导致医疗纠纷的产生。

临床教学过程应针对临床实习过程中可能发生的医疗纠纷环节，加强实习生防范医疗纠纷的意识，加强实习医生防范医疗纠纷能力的培养；加强实习同学“三基”知识的训练，以培养学生科学细致的工作态度，正确的临床思维，规范的操作技能。此外，强调医疗文书正确书写的重要性，督导学生正确地进行医疗文书的书写；加强医学生人文医学技能的训练；加强医患沟通技巧的培养。

总之，医疗过程是个复杂的过程，实习医生不仅要具备一定的专业知识，还要有防范医疗纠纷的意识和一定法律常识，在具体实习过程中，要严格要求自己，及时和带教老师沟通。带教老师也要具备高度的责任心，善于发现实习生存在的问题并及时解决，为学生走向今后的工作岗位打好基础。

三、提高管理人员的管理水平，强化应对风险的能力

1. 严格管理，维护法律和制度的严肃性 医院有了完善的工作制度、工作流程后，保证这些规章制度和工作流程得到贯彻执行，就成了管理工作的重点和难点。如果有令不行，有禁不止，整个医院陷入无序状态，医疗隐患必将层出不穷，引发医疗纠纷。例如：一家

医院有一位医学博士毕业，没办好执业证就上岗单独工作，当治疗效果不好引发医疗纠纷后，被判为非法行医，造成医院巨额赔偿的惨痛教训。当然，部分无证或超范围执业的医师可能业务量还比较好，但作为管理者，必须依法停止无执业资格的医护人员执业，规范医护人员执业范围，否则一旦发生纠纷或事故后，医院和医生本人将付出较大的代价。

2. 管理者要敢于承担责任，善于在纠纷中吸取教训 在整个处理医疗纠纷过程中，首先管理者应当勇于承担管理上的责任。医疗纠纷的发生往往都不是一个孤立的事件，管理者应全面考虑是否由于医院流程或规定不清晰，管理不严或管理缺失引起的。管理者不能逃避医疗纠纷，也不能在发生纠纷后，采取简单的鄙视、埋怨、指责当事人的态度。这样做不但不能从中吸取教训，还对当事人产生极大压力，同时挫伤大家的积极性，使大家产生少做事更安全的想法，不利于医院的发展。

医院管理者在获知可能发生医疗纠纷或发现医疗安全隐患后要主动介入，帮助和指导临床医护人员采取各种补救措施，力争将医疗纠纷或医疗隐患消除在萌芽状态。接到患方的投诉后，管理者要认真倾听医患双方的意见，使医患双方都有陈述自己观点的机会，对问题逐一进行调查核实，切忌不经调查核实就乱发表意见，避免引发新的医患冲突或引起临床医护人员对管理部门的不信任。医疗纠纷消除后，管理者应与当事医护人员一起认真分析错误之处，总结经验教训。做好一切纠纷的处理工作，职工才能安心于本职工作，努力防范纠纷的发生。

3. 明确岗位责任制，加强对重点部门、重点岗位的监管 随着医学科学的不断发展，一个疾病的诊疗过程大都涉及多学科、多部门，如不注意，相互之间容易出现沟通不足、相互责怪和推诿的现象，严重时引发医疗纠纷。重点部门、重点岗位因与其他部门或岗位更容易发生联系，所以更容易产生纠纷。明确岗位责任制，制定严明的工作制度和科学的工作流程，对重点部门和重点岗位定期进行重点的监督检查，及时了解情况，才能有效防范纠纷，减少纠纷的发生。

4. 引入社会监督机制，自觉接受社会监督 医院要引入社会和群众监督机制，加大监督力度，加大医院医疗服务信息公示的范围。监督方式可多种多样，如：在医院设立监督电话向社会公布、各科室设立意见箱或意见簿，有专人负责管理；建立院长信箱，听取和了解病人的反映与意见；不定期向病人发放“征求意见卡”，进行满意度调查；聘请社会义务监督员，定期召开有关人员座谈会，征求意见等。通过多渠道、多方法广泛收集社会、病人和家属的意见，将这些意见中合理部分整理出来，认真分析研究，形成或修改一些服务规范和流程，持续改善医院的服务质量，并将这种形式固定形成制度，指导医院的管理工作，帮助医院逐步建立合理的医疗服务体系、医疗服务价格体系、医疗质量管理体系。

5. 医院管理者要不断提高管理水平 医院的管理者，绝大多数一直从事临床医疗工作，可能是医疗工作某一领域的杰出专家。但他们并不一定系统学习过医院管理知识。医院管理既是一门科学，又是一门艺术。在方法上：首先，管理者必须注重医院管理方面知识的系统学习，熟悉法律、法规和医院制定的一切规章制度，使自身从纯技术型干部向技术管理型干部的转变；其次，在具体事务的管理上，既要坚持原则，又要讲究方法和技巧；既要敢抓敢管，也要善管会管；既要使医院的工作有条不紊地运行，又要保持大家的工作积极性和工作热情，营造出一个良好的医疗人文环境。这样做的结果，理论上可营造出和谐的医患关系和轻松的医疗氛围，从而减少产生医疗纠纷的发生。

第三节　临床工作中防范医疗纠纷的措施和对策

一、按规定书写和保管病历资料

医疗文书是医务人员对患者疾病的发生、发展及转归进行检查、诊断、治疗等医疗活动的记录，也是对采集到的资料加以归纳、整理、综合分析，按规定的格式和要求书写的患者医疗健康档案。它既为医疗、教学和科研服务，又是医患发生纠纷后的法律文件，是处理医疗纠纷的重要法律依据。

病历是医务人员在医疗活动过程中形成的文字、符号、图表、影像、切片等资料的总和，包括门（急）诊病历和住院病历。医生接诊病人后，如何询问病史、分析病情、采取方法、使用了何种工具和手段、什么药物和治疗效果等，必须按时一一记录清楚。一旦病人的诊疗过程结束，只有病历才能将整个医疗过程进行回放。如果医生处理病人过程做的工作没及时记录，在纠纷引起诉讼时，将不能认定而视同没做；反之亦然。解决医疗纠纷，进行医疗事故技术鉴定，判断医务人员是否履行了职责、是否掌握诊疗技能和是否遵循了医疗诊疗规范诊治病人，医方负有“举证责任倒置”的责任，病历在很大程度上肩负了这种职能，所以书写规范化的病历，就成了防范医疗纠纷，保护医疗机构及其医务人员的合法权益的重要手段。

在临床医疗文书书写的过程中，应注意的事项有：①客观、真实性：病历只能是病人主诉、症状、体征和诊疗过程的客观记录，决不能随意记录或为达到某一目的篡改病历内容，也不能随意涂改病历；需要进行修改时，一定要按照有关病历书写规范的要求进行修改。②病历同一性：病人在诊断、检查、治疗过程中需要经过多名医护人员诊治，不同的人会有不同的思路和方法，主诊医生记录时应如实记录、善于归纳，形成最后指导意见，使治疗过程既保持连贯，又能保持一致性。护士记录医疗过程要同医生书写一致，但侧重反映护理方面。③时效性：完成病历、病程记录的书写时间，卫生部及相关部门有严格的规定，医护人员应当严格遵守。例如：门诊病历要求即时完成，住院病历要求24小时内完成，急诊手术病历如果来不及马上书写的，必须在手术后6小时内补记完毕等等。一旦发生医疗纠纷封存病历后，没有完成书写的病历，将可能对医院及医护人员造成巨大损失。④完整性：病历材料中的病程记录、知情同意书、各种检查报告和结果等任何一部分缺少或遗失，造成病历不完整，都使病历的价值大打折扣。⑤私密性：一份病历记录了一个人的完整健康资料，有很强的私密性。病人一旦将这些资料呈现给了医生，医生就有义务替病人保守机密。

《医疗机构病历管理规定》中对病历的管理做出明确规定，除涉及对患者实施医疗活动的医务人员及医疗服务质量监控人员外，其他任何机构和个人不得擅自查阅该患者的病历。住院期间的病历由护士管理，出院病人的病历由病案室人员保存管理30年（门诊病历15年）。如果医、教、研需要查阅病历，需要有关部门批准，查阅后要立即归还并不得泄露病人隐私。公安、司法机关因办理案件，需要查阅、复印或者复制病历资料的，医疗机构应当在公安、司法机关出具采集证据的法定证明及执行公务人员的有效身份证明后予以协助。关于复印病历，《医疗机构病历管理规定》对申请人、申请时需要提交的资料、申请程序、复印内容都做了明确规定。遗憾的是在临床工作中，经常有医护人员出于好心或其他目的，在未经审批同意的情况下私自给病人或其他人复印病历，或者在未发生医疗事故纠纷之前，将主观性病历资料交给患者复印，从而增加医疗纠纷发生的可能性。

二、重视医患沟通的技巧

1. 接待纠纷投诉时要真诚 医疗纠纷出现之前，通常患者已经对医务人员有了明显的抵触或怀疑心理。此时，如能观察到可能发生纠纷，积极处理，效果最好。纠纷发生后，患者可能情绪激动，语言偏激，甚至发生过激行为。患者就诊科室和医院管理人员应采取：人进我退，人燥我静，人急我慎，人热我冷的方针。要以家属的心态去体验、理解患者的心情，对病人及其家属要体贴、关心，耐心，虚心去听取他们的意见，以取得信任，为解决医疗纠纷打好基础。交谈中要尽可能充分倾听他们的意见和要求，不要随意打断，更不能认为患者是有意刁难，计较患方的过激态度及谈话语气，更不要急于辩论；相反，要善于听取并接受他们的合理建议，耐心做好化解工作。特别是双方意见相持不下或者有分歧时，医务人员应经常换位思考，“我是病人将会怎样？”，多从他们的角度分析、思考问题，使对方确信医院是能够公平、公正处理这一问题，切忌同步急躁。要少言慎言，不说刺激性的话，不做易引起误解的动作，不随便表态，更不要火上加油。弄清纠纷的根源，性质和患者的最终诉求，才能晓之以理，动之以情，有的放矢。双方如果能冷静下来，理智地思考，感情便容易沟通，就能在平和的气氛中真心实意解决问题。

2. 处理纠纷前要掌握实事求是的材料 医护人员在接到病人或家属的投诉后，在与病人进行沟通或处理前，要知道大多患者都已经做过医学及法律咨询，做好了谈话前的准备，如果我们不及时掌握第一手材料，可能马上陷入困境。只有通过充分的调查，才能对治病的全过程有一个基本认识，对患者的个性特征、用意及目的做出初步评判。找有关人员核实情况并仔细研究、妥善保管医疗文书，必要时组织有关人员进行必要的讨论，找出自身存在的问题和应吸取的教训，改善我们可能存在的问题和不足，变坏事为好事，同时也使患者达到解决问题的目的。当然，对无理取闹者也能根据事实抓住要害，提出实事求是的解决方案让对方心服口服。

3. 及时处理纠纷的至关重要 合理的诉求如果得不到正面的回应，往往导致过激行为的发生。从一般医患矛盾不及时解决就可能演变成纠纷，纠纷处理不及时或不合理，就容易导致激烈的冲突这样的规律来看，临床科室将有可能出现的医疗纠纷或已发生的医疗纠纷上报后，相关人员就要第一时间主动介入，不能以任何理由推诿或放纵不管，以免事态进一步扩大。大量的事实证明，及时解决好小的纠纷是化解医患矛盾的最好方法。这就要求整个医院要有一个良好的人文环境，医务工作者主动和患者及时建立起良好、通畅的沟通渠道，同时主管医生和科室应主动向医务部门报告情况，争取职能部门的密切配合。总之，在出现医疗纠纷后，医务人员要尽快采取措施，加强多种形式的沟通工作，消除家属的不满情绪，避免事态的扩大，争取把损失减少到最低限度。

4. 处理纠纷要采取准确的方法 在日常生活中我们都有过这样的经历，同一个问题由不同的人来处理、或同一个人对同一件事采取不同的语言、形体动作或方法，可能得到完全不同甚至相反的结果。出现医疗纠纷苗头或发生医疗纠纷后，医务人员应对得好坏也存在着同样的问题。根据不同的人员、事件和情况采取正确的方法显得尤为重要。这里提出三点建议供参考。①交谈的切入点要找准确。细心听取医患双方的陈述、查看所有资料，找准发生问题的原因和关键所在，作为切入点及时采取针对措施进行补救，避免病人及家属对某一问题的不满扩大为对整个治疗过程、整个医院的不满，使事件扩大化。及时告知病人我们对纠纷的处理态度，对不足的改进措施，争取患者的理解和支持。②要注意与患者沟通语气和用词的准确性。语气要温和，富有同情心，切忌生、冷、粗的态度和语言。用词要确切、明晰，切忌用词不清、模棱两可；既要把话说清楚，又不能把话说得太绝对。③处理问题的方式方法要准确。为达到纠纷的预防和处理的准确性，医务人员可采取“封”、“小”、“慎”的方式进行处理。“封”即建议双方到场立即封存病历、有争议的药品、器械、血液制品等。杜绝伪造、修改、隐瞒病历，杜绝未经患方同意私自处理或抛弃有争议的药品、器械、血液制品等，保证事件的真实性。“小”即在纠纷处理阶段要让牵涉的有关人员和无关的人员的范围要小，如果仍继续进行治疗，应当告知进行相关诊疗活动的医护人员，不要受事件的影响，严格按诊疗规范进行操作。尽量避免医院内无关医务人员乱发议论，导致将不成熟的看法、讨论内容传到患者耳中，增加处理问题的复杂性。“慎”为语言要谨慎，用词要准确，要留有余地，要兼顾同行、同事的利益。

三、履行如实告知义务，重视知情同意书的签署

《医疗事故处理条例》特别强调患者知情同意的权利。知情同意权是指患方对疾病诊断、治疗护理等真实情况的享有的了解、被告知、拒绝和同意的选择权等。知情同意书是医方向患方履行了如实告知义务的书面证明文件，是体现病人及其家属行使选择权的形式，也是因行使权利而需要承担相应责任的书面依据。它对院方是否和能否完成举证责任具有重大意义。《中华人民共和国执业医师法》和《医疗事故处理条例》中明确规定“在医疗活动中，医疗机构及其医务人员应当将患者的病情、医疗措施、医疗风险等如实告知患者，及时解答其咨询”。知情同意的主体是指具有相应民事行为能力的人（如年满18岁以上，神志清醒，能够辨认自己的行为，对医生提供的治疗方案能做出明智的决定，有充分的理解能力的人）。无民事行为能力病人的知情同意书由其法定监护人行使。

进行特殊医疗活动（特殊检查、特殊治疗、手术、实验性治疗、特殊药物）前，主管医师应该将专业医学知识用通俗易懂的语言向病人及家属表达，如实告知病人及家属该诊疗活动的具体方法和由此可能带来的利弊（患方行使选择权的前提条件），在充分了解本次医疗活动多方面真实信息后，在避免产生不利后果情况下，应由患者本人签字，亦可由患者授权委托其亲属代签知情同意书。对一些涉及权利共有的“知情同意”文书，必要时请患者和近家属共同签署。签署时或可请第三者旁证。特殊情况下，如对急、危、重症患者，拟实施抢救性的手术、有创检查、治疗等时，在患者本人无法履行知情同意手续及与亲属无法取得联系时;或其亲属短时间内不能履行相关手续，且病情不允许等待时，由经治医师提出处置方案，填写知情同意书，科室领导签意见后，报医疗主管部门或院领导批准实施。患者亲属不同意医院拟实施抢救性治疗措施或要求终止正在实施抢救性措施时，由主治医师将其可能出现的不良后果，以及医院对此不承担的责任向患者亲属充分交代清楚，并做好详细的记录，由经治医师、医院批准和患者有权的近亲属签名，方可同意亲属要求。资料应当存入病历档案。

在知情同意书的签署时，既要使病人和家属对各种特殊医疗活动和治疗方案的利弊和

潜存的风险有充分的认识，同时也要向病人家属传递医护人员对治疗疾病的积极态度和信心，不能害怕出现并发症和意外引发纠纷而片面夸大手术、治疗方案的并发症和意外情况的发生几率，也不能为增加医院工作量和收入而淡化可能出现的风险，诱导病人或家属做出不合理的选择。在签署知情同意书时应详细、完整、真实地向病人及家属表述手术、治疗效果，及潜在的风险和可能出现的意外，使病人有家属对整个治疗和愈后有一个全面的了解，以便能做出一个合理的选择。切忌在知情同意签署过程中医师将自己放在主导地位，忽略病人及家属在治疗方案选择上拥有的自主权。在知情同意书签署过程中，不仅要关心患者的治疗方案和可能出现的并发症，更要关心病人及家属的心情，建立病人及家属对主诊医师的信心和信任。如果病人不信任主诊医师，不理解医师的工作，即使签署了知情同意书，也不会达到它让患者恢复健康的应有的效果。

四、注重环节管理，保障医疗安全

在临床工作中，治疗行为是由一系列的环节构成的。如果不注意环节上的管理，则可能存在以下几种现象：一是可能会出现因为没能按药物说明书规定服用而引发的纠纷，如没注意药物的使用范围，把不适应儿童/孕妇用的药物用在了他们身上，用药过量或不足造成治疗过量或效果不理想等；二是对检查项目不熟悉导致选择不当，延误病情，更有甚者对病人造成伤害导致纠纷；三是诊治过程不规范，问诊、体检不细致遗漏重要体征；四是护士、药师不注意查对或放置不规范等致打错针、发错药；五是急救物品平时不注意清点和维护，到使用时就会出现混乱导致错过抢救时机；六是出诊不及时或脱岗延误病人抢救；七是手术前没有认真核对病人和手术部位开错刀，或术前、术后没有认真清点手术器械，将纱布或器械遗漏在病人体内等。以上这些都可能导致医疗纠纷或投诉，严重的甚至构成医疗事故。

医疗环节如此之多，医护人员承担的任务即繁重又复杂，如不加强监管和培养医护人员良好的习惯，想要做好每个细节的确不容易。医护人员既要注意大的方面的培训和提高，也要注意医疗环节、小的细节的良好习惯的养成，才能进一步避免和减少纠纷的发生。如：使用药物时不但对药物的作用要清晰，还要对其毒副作用有充分的了解，注意其适应证、用药量、禁忌证、用药对象是否儿童或孕妇，以及病人的以往用药情况、药物过敏史、病人的经济承受能力、用药可能出现的不良反应及其处理和上报程序等细节等，尽可能不用自己不熟悉的药物，不开自己权限以外的药，减少用药错误的发生；开具医技检查应对所开出检查项目的意义和目的明确，多项检查时要合理安排，尽可能花少量的时间和金钱就能解决问题，忌久拖不决或花了钱不能解决问题。对带射线的检查项目则要清楚受检对象是否孕妇或小孩，这类人群应严格按规范进行检查；药瓶存放要规范，普通药品和有毒药品要分开保管，使用时“三查七对”，尽量减少治疗时的差错发生；随时备齐抢救物品和药品、维护抢救设备随时在正常状态，保证抢救病人时的有条不紊；细致耐心地问诊，能获得病情每一时间点的细微变化，认真细致的系统体检能避免重要体征的遗漏，这些都是正确诊断的前提条件，切忌头痛医头，脚痛医脚，以点代面的工作作风；医院设备管理部门应保证所有的检查和治疗设备处在正常运转状态，药物管理部门要随时清理不良反应多或到期的药品等。当然，医疗的环节绝不止这样多，只有我们对每一个环节都认真重视起来，才能做到减少纠纷的产生。

如何避免因为医疗活动的小环节导致的医疗纠纷或事故，也是医院管理的难点和重点。医院的医务科室和质控部门的日常工作重点之一就是针对医疗过程可能出现错误的细节进行规范，对不合理的流程进行改造，对医疗细节出现的缺陷实施监控，用质控报告的形式定时对出现的缺陷及时曝光，有时还配合一定的经济手段等方法予以警示。通过多种有效方法和努力，希望能减少纠纷或事故的发生。

第四节　医疗纠纷发生后的应急处理及预案

一、医疗纠纷应急处理的原则

1. 紧急原则　由于医疗纠纷发生后容易造成事件升级，孳生负面效应，因此，一旦有医疗纠纷发生，医院应当在第一时间排出有关专门人员到现场予以处理，不可有任何延误。

2. 依法处理的原则　我国目前已经步入法治国家的行列，对于医疗纠纷的处理，就应当依照有关法律的规定来解决，不可因患方过激行为的激惹而冲动应对，酿成后患。在医疗纠纷发生之初，应当报警求助，依靠公安部门解决纠纷。即使患方与医院发生冲突，医院也必须在法律允许的限度内实施正当范围，注意方式、方法，避免产生不良后果。对于患方打砸医院财物，殴打医务人员的情形，可以通过诉讼程序予以解决。

3. 安抚平息化解矛盾的原则　医疗纠纷的发生一般都有患者的死亡、残废为导火索，家属情绪激动难控，如果医院不注意疏导、安抚，就容易导致事态的升级和恶化。因此，医疗纠纷处理人员到达现场后，应当注意倾听患方的投诉，不要掺杂主观意见，客观、认真地进行调查、核实，力争尽快控制患者或其家属激动的情绪。但是，医疗纠纷处理人员在现场处置医疗纠纷的过程中不可轻率表态。

4. 妥善保全证据的原则　对于突发的医疗纠纷现场的控制以及患者及其家属的安抚，乃权宜之计，最终可能还是要通过法律程序解决相应双方争议的医疗纠纷。依照法律程序解决时，有关证据是否存在就显得至关重要。因此，医疗机构处理医疗纠纷的人员在现场应当注意收集和保全相关证据，包括：①对有争议的医疗病例的病历资料进行复印和封存；②对患方提出异议的医疗物品、药品等进行封存、送检；③对财物毁损、人员受伤、医院诊疗秩序受阻等证据进行提取和保全；④如果发生患者死亡的情况，应该告知做尸体解剖的必要性并予以记录。

二、医疗纠纷应急处理的程序

1. 医疗纠纷报告程序　医疗纠纷发生后应急处理和逐级报告预案应当兼顾两个因素：①一线的医师和护士采取弥补措施；②通知相关人员到场（医务科、保卫科，必要时报卫生行政机关、110）。临床科室发生医疗纠纷的上报程序如图9-1所示：

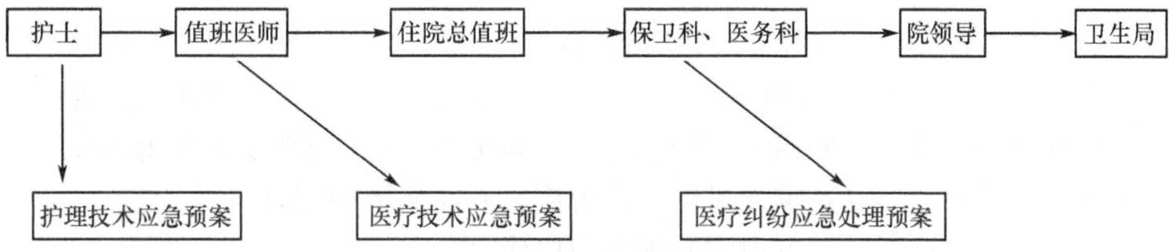

图9-1　医疗纠纷逐级报告程序

2. 医疗纠纷应急处理程序 医疗纠纷应急处理程序是指医疗纠纷处理部门接到医疗纠纷报告后着手进行医疗纠纷事务的程序（图9-2）。

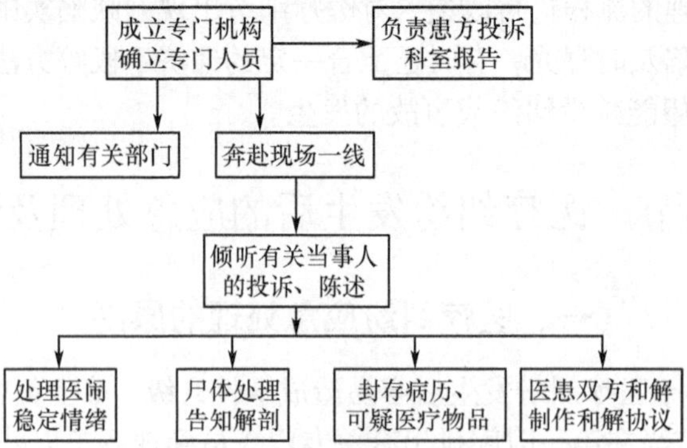

图9-2 医疗纠纷应急处理程序

三、医疗纠纷应急处理的预案

医疗纠纷不可避免但可以预防，尤其是发生医疗纠纷之后，医疗机构可以采取一些补救措施，防止事态升级，避免医疗损害结果扩大，收集和保全证据。因此，医疗机构在日常医疗行为中，要注意防患于未然，制定医疗纠纷紧急处置预案，一旦发生医疗纠纷，医疗机构能够有条不紊地面对和处置，尽可能让这种不利事件朝着有利于医疗机构的方向发展。

（一）医疗纠纷应急预案

（1）一旦发生医疗差错事故，须立即通知上级医师和科室主任，同时报告医院医务管理部门，白天为院医务处，夜间为院总值班人员，不得隐瞒。并积极采取补救措施，避免或减轻对患者身体健康的进一步损害，尽可能挽救患者生命。由护理因素导致的差错事故，除按上述程序上报外，同时按照护理体系逐级上报。

（2）由医务管理职能部门组织科室负责人查找原因。

（3）由医务管理职能部门组织多科会诊，参加会诊人员为当班最高级别医师。

（4）科室主任与医务管理职能部门共同决定接待病人家属的人员，指定专人进行病情解释。确定医疗事故处理职能部门的工作人员或者专门负责医疗纠纷处理的人员为医疗纠纷或者可疑医疗差错、医疗事故处理的第一责任人，其他任何医务人员不得擅自参与处理，但相关部门和人员应当予以配合，服从事件处理责任人的调遣。

（5）医务管理职能部门结合情况，决定是否封存《医疗事故处理条例》第十六条所规定的病历文件。对于需要封存病历的，由职能部门人员、患者或其家属共同在场的情况下，立即对相关病历内容进行封存，制作封存笔录，封存病历由医院保管。最好封存病历复印件。

（6）疑似输液、输血、注射、药物引起的不良后果，在职能部门人员、患者或其家属共同在场的情况下，立即对实物进行封存，制作封存笔录，封存实物由医院保管。对于封存的可疑医疗物品，应该告知患方尽快送检，并与患方一道积极联系检测单位。

（7）如患者死亡，应动员家属进行尸体解剖，并在病历中记录。

（8）如患者需专科治疗，各科室必须竭力协作。

（9）当事科室须在24小时内就事实经过写书面报告，同时提出初步处理意见，上报医务处。

（10）任何科室和个人不得私自减免患者住院费用。

（11）必要时，事件处理人员应当注意收集医疗纠纷相关证据，寻找事件发生见证人，并采取必要的证据保全措施。

（12）事件处理暂告一段落后，事件处理人员应当撰写事件调查报告，报告事件经过、调查情况及处理建议。

（二）医疗机构内紧急意外事件应急预案

医疗机构内的紧急意外事件，主要是指与患者相关的一些突发事件，如患者自杀、猝死，患者杀人毁物、殴打医务人员，患者财物被盗，患者被他人伤害等。医院的处理原则，一是减少损失，抢救伤员；二是注意保护现场，留存证据。应当按照以下预案处理。

（1）院内遇有意外事件，应立即通知急诊科值班人员，由急诊科负责组织实施抢救。

（2）遇有突然死亡事故、自杀或者他杀时，要在第一时间保护现场，报告保卫科、分管院领导。分管院领导根据初步判断情况报告派出所和公安局。

（3）对因突然发病死亡人员，先确定是否可救，如未死亡，应就地实施抢救；如确定已经死亡，应协助公安人员查验死亡原因。

（4）对自杀死亡人员，首先保护现场，劝阻无关人员靠近，待公安、保卫人员到达后，寻找死者遗书等证据材料。

（5）对他杀死亡人员，首先保护现场，观察周围有无可疑人员，不许无关人员靠近，待公安人员达到后，汇报情况和提供有关线索。

第十章　医疗纠纷典型案例法律适用分析

第一节　医疗事故纠纷典型案例及其简析

从广义上理解，凡是病人或者其家属对诊疗护理工作不满，认为医务人员在诊疗护理过程中有失误，对病人出现的伤残或死亡，以及诊疗延期或痛苦增多等情况，要求卫生行政部门或司法机关追究责任或赔偿损失的事件，在未查明事实真相之前，统称为医疗纠纷①。医疗纠纷在实践中的表现是多种多样，其分类标准也比较多。然而，从医疗纠纷是否最终构成了医疗事故的角度看，我们认为医疗纠纷在实践中的案例都可以分为两大类：一是医疗事故纠纷；二是非医疗事故纠纷。因此，我们就按照这种分类来选择的医疗纠纷的典型案例进行简单评析。

一、因违反有关规章制度引起的医疗事故纠纷

案例一　未婚女青年某甲，因腹部不明肿块性质待查收入住院。入院初步检查考虑为子宫肌瘤，在妇产科治疗。但以后经B超和CT检查却提示为腹膜后肿块，转为普外科治疗。经会诊讨论和术前讨论后，普外科按照“腹膜后肿块（性质待查）”的临床思维和手术准备拟订好治疗方案，并以“剖腹探查术”的手术名称给某甲及其家属进行术前交代和手术签字。手术中发现，肿块部位位于腹膜后，而是子宫肌瘤。结果，手术医师临时更换，改由妇产科医生进行手术，手术医生在未告知某甲家属的情况下，行子宫全切除手术。术后，某甲向法院提起诉讼，以医疗行为不当所致子宫切除为由要求医院给予损害赔偿。②

简析　本案主要涉及医疗机构及其医务人员未按照有关规章制度的要求，履行医疗告知的义务而引发的医疗事故纠纷。本案涉及的主要规章制度有：

第一,《医疗事故处理条例》第十一条规定：“在医疗活动中，医疗机构及其医务人员应当将患者的病情、医疗措施、医疗风险等如实告知患者，及时解答其咨询；但是，应当避免对患者产生不利后果。”

第二,《执业医师法》第二十六条规定：“医师应当如实向患者或者其家属介绍病情，但应注意避免对患者产生不利后果。医师进行实验性临床医疗，应当经医院批准并征得患者本人或者其家属同意。”

第三,《医疗机构管理条例》第三十三条规定：“医疗机构施行手术、特殊检查或者特殊治疗时，必须征得患者同意，并应当取得其家属或者关系人同意并签字；无法取得患者意见时，应当取得家属或者关系人同意并签字；无法取得患者意见又无家属或者关系人在场，或者遇到其他特殊情况时，经治医师应当提出医疗处置方案，在取得医疗机构负责人或者被授权负责人员的批准后实施。”

在违反有关规章制度引起的医疗事故纠纷中，在实践中还往往表现出违反查对制度、

---

① 刘革新. 医与法. 北京：中国人民大学出版社，1997，5：1

② 王岳，李晓农. 医疗纠纷索赔. 北京：中国检察出版社，2006，1：132

值班交接班制度等。除了卫生法律，卫生行政法规外，医院主要的规章制度主要还有哪些呢？一是卫生部颁发的医院分级管理标准，国家把医院分为三级十等，一级医院是基层医院，三级医院是大型医院，甲等是优质医院。二是卫生部门颁发的《全国医院工作条例》、《医院工作制度》和《医院工作人员职责》。在这些规章制度里，有规定在工作制度中的查房制度，三级（住院医师、主治医师、主任医师）检诊制度，手术管理制度，急症抢救制度，病例讨论制度，差错事故管理制度，值班交接班制度以及病历书写等60余项制度，具体规定了工作人员在上述工作中应该做什么、怎么做、什么时间去做等。

本案存在的主要法律问题是：医务人员未按照上述法律法规的规定，履行告知义务，并在结果上导致患者扩大性医学伤害。患者的知情同意权，是指“病人有权知晓自己的病情，并可以对医务人员所采取的医疗措施决定取舍”[①]的权利。在本案中，医院是按照“腹膜后肿块（性质待查）”的临床思维和手术准备拟订好治疗方案，并以“剖腹探查术”的手术名称给某甲及其家属进行术前交代和手术签字。医患双方对“腹膜后肿块手术”是达成了一致的意见，但是患者并没有任何意思表示可以进行“子宫全切除手术”。也就是说，即使医生有充分的理由相信这个子宫全切除手术对患者本人是有效和必需的，但是它不属于强制医疗或者紧急医疗的范围，有关的法律法规不允许医生单方面代替患者做出选择和判断。当手术过程中发现了某甲不属于腹膜后肿块时，经治医师不仅应该及时告诉患者家属证实发现的是子宫肌瘤的情况，而且还要告知病情的性质和治疗或者手术的方案等措施，以便患者行使其知情同意权。本案法院最后是判决医院存在一定的医疗过失，侵犯了某甲的知情同意权，构成医疗事故。判令医院承担相应的赔偿责任。

案例二　2004年5月3日晚，某患者被汽车撞伤后被他人护送某医院，医院急诊科某医生按照医院的规定要求患者先交5000元押金，护送该患者的肇事司机告诉医生只带了1200元。某医生告诉他根据医院的规定不交押金是不能获得治疗的，该司机没有办法只好将某患者送往其他医院，在送达到第二家医院时，由于失血过多而死亡。患者的家属要求该肇事司机与某医院承担法律责任，赔偿某患者死亡造成的损失。某医院认为患者的死亡是由交通事故造成的，医院对某患者之死没有法律责任。该肇事司机认为：患者如果被及时抢救，完全可以保住生命，医院应当对朱某之死承担全部责任。

简析

第一，根据医疗机构管理条例第三条规定，“医疗机构以救死扶伤，防病治病，为公民的健康服务为宗旨”。第三十一条规定，“医疗机构对危重病人应当立即抢救。对限于设备或者技术条件不能诊治的病人，应当及时转诊”。《执业医师法》第二十四条规定，“对急危患者，医师应当采取紧急措施进行诊治；不得拒绝急救处置。”也就是说，医疗机构和医师对危急患者有紧急救治的法定义务，如果医疗机构无正当理由拒绝收治病人，本身就构成过失。而收治病人的行为是属于医疗活动的范围内。

第二，本案中某医师以医院有规定对危重患者必须收取5000元押金才能救治为由，拒绝对处于危重之中的患者救治，违反了上述法定的义务，并且最终造成某患者由于不能及时获得抢救而死，医院和该名医师违反了法定的义务，已经构成医疗事故，应对某患者的死亡承担法律责任。按照《医疗事故处理条例》第四条的规定，本案属于一级医疗事故。由于本案中还存在侵犯患者权益的第三方即肇事司机，因此双方应共同承担死者家属的丧

① 何颂跃. 医疗纠纷与损害赔偿新解释. 北京：人民法院出版社，2002，81～82

葬费、死亡赔偿金、死者生前抚养人抚养费等。

案例分析练习 1998年7月31日，原告晁某的妻子孙某因患感冒发烧到被告某职工医院就诊。在该医院门诊输液、用药治疗中，孙某于当日13时许猝死，死时出现全身青紫现象。当晚，原告将尸体运到殡仪馆。孙某的门诊病历显示曾有多种药物过敏史。原告向医院质疑妻子的死因，医院进行推诿。8月3日，原告向洛阳市医疗事故鉴定委员会申请鉴定。8月6日，医院对孙某的死亡做出结论：死因待查，不属于医疗事故。由于治疗的药品、残液、器械未作封存，且48小时内未做尸检，丧失了鉴定的条件，所以原告的鉴定申请未被受理。后来原告向当地法院提起诉讼。

原告称：我妻子孙某某因感冒发烧到被告医院治疗，病人在用药后出现危险，加之抢救不及时，致人死亡。我要求医院对事故做出结论，医院却故意销毁所用药品、残液，并推诿扯皮，故意错过尸检时间，拒不提供有关治疗材料，致使医疗事故鉴定委员会无法鉴定，要求被告承担责任并赔偿102 115元。

被告称：孙某就诊出现病危时，我方积极采取措施，虽未抢救成功，但并无不当。患者死亡后，我方询问原告有无异议，原告未提出异议。8月4日，我方才接到原告书面异议，但此时已经超过尸检规定时间，并非故意拖延错过有效的解剖时间，故我方不应承担赔偿责任。①

请你根据《医疗事故处理条例》第三十条第二款、第十三、十四、十六、十七、十八条和《民法通则》第一百一十九条有关条文分析本案，如应赔偿，并确定应该赔偿的项目。

二、因违反技术操作常规引起的医疗事故纠纷

案例 广东省从化市某镇医院门诊部的护士某甲，在1997年8月19日下午3时许，与其相熟的某公司女职工阿容自带一瓶青霉素针剂，到门诊部要求不作皮试而直接注射，遭当班医生拒绝。她又来找相熟的某甲。甲碍于情面，应其要求直接注射。注射过程中阿容当即出现过敏反应，经抢救无效，于次日上午7时死亡。广东从化市法院于1998年2月根据新刑法以医疗事故罪对违反医疗操作规程而致人死亡的某甲判处有期徒刑一年，缓刑两年。②

简析 诊疗护理规范和常规主要是指根据医学科学原理和长期医学实践制定的，医疗机构和医务人员在从事疾病诊断、治疗和护理等医疗活动时，应当遵守的行为准则和技术标准。它可以是成文的，也可以是约定俗成的。它表现在医疗活动中是医务人员应该遵循的、比较固定的、经常使用的工作方法、技术步骤和措施等。它涉及诊疗护理的全过程，覆盖了临床医学不同级别的专业学科和临床诊疗、护理以及辅助专业。它可以说是诊疗护理工作的“常识”和“指南”。例如在《医疗护理技术操作常规》中，对医疗、护理技术工作的程序、方法和质量等方面做出了要求，用以规范医务工作人员的技术操作，以保证医疗质量，防止医疗差错或医疗事故的发生。医务人员在医疗实践中必须遵守这些诊疗护理操作规范和常规，否则就是行为上存在过失。

执业医师法第二十二条规定：医师在执业活动中要遵守法律、法规，遵守技术操作规范。

---

① 节选自：最高人民法院中国应用法学研究所，人民法院案例选——民事卷（中）. 北京：中国法制出版社，2000，1333
② 文汇报. 1998 年 2 月 9 日

医疗事故处理条例第五条规定：医疗机构及其医务人员在医疗活动中，必须严格遵守医疗卫生管理法律、行政法规、部门规章和诊疗护理规范、常规，恪守医疗服务职业道德。

在本案中，某甲因为没有遵守注射青霉素必须要作皮试的诊疗护理规范和操作常规，而直接进行了注射而导致出现过敏反应死亡，明显违反了上述规定，就构成了医疗事故。

在这类医疗事故纠纷里，医疗实践中还突出表现在：手术违章操作、仪器检查违反程序、注射存在缺陷等方面。由于技术操作规程的种类繁多，各专业的规定都比较明确和细致，为此医务人员不能因为规定烦琐而忽视或者不严格执行，否则也容易导致纠纷。

案例分析练习 某男性患者因发生车祸致使右食指、小指和右髋部位疼痛、活动受限半小时入住某医院急诊科。急诊科医生先进行拍X线照片，发现右食指、小指关节脱臼，右股骨颈骨折。医生立即进行右手清创缝合、关节复位等措施收入骨科治疗。几天后，进行硬膜外麻醉下右股骨颈加压螺钉内固定术。术中由于X线机存在问题，在加压螺钉内固定时，只照了右股骨头的正位片，未照侧面位片，正位片示加压螺钉对线对位好，术毕患者返回病房。之后拆线出院。患者出院一个月后，到另一家医院复查时，X线照片发现正位片示骨折对线对位可，但骨折端无骨痂生长，侧位片示加压螺钉明显偏离中线，是手术螺钉方向偏离，对线对位不准而致。即使再次手术，也有可能导致骨不连。于是患者向原来经治医院进行透视投诉，双方为此发生纠纷。[①]

请你分析本案。如本案构成医疗事故，患者可以主张什么权益？有关医疗技术操作规范的法律法规有哪些？

三、因严重不负责任导致的误诊误治而引起的医疗事故纠纷

案例 患者张某因意外怀孕到湖北省某县医院做人流，医院在未作任何检查的情况下便实施人工流产手术。对手术过程中B超提示的“左侧附件区囊性包块”，医院又在未作进一步检查的情况下即诊断为卵巢囊肿并进行治疗。患者因宫外孕破裂后，被转到上级医院作手术治疗。为26540.18元医疗费，张某与初诊医院对簿公堂。近日，在湖北省某县人民法院的调解下，初诊医院一次性赔偿患者2.1万元。[②]

简析 在本案中，某县医院在进行人工流产手术前没有进行必要的医学检查，是一种严重不负责任的表现，也是导致误诊误治的根本原因，由此给原告造成了巨大的经济损失及精神痛苦。医院及医生在该医疗行为中明显存在过错，已经构成了医疗事故，应承担赔偿责任。

《执业医师法》第二十二条规定医师在执业活动履行的义务中明确规定：医师要树立敬业精神，遵守职业道德，履行医师职责，尽职尽责为患者服务；医师要努力钻研业务，更新知识，提高专业技术水平。

《执业医师法》第三十七条规定医师违反卫生行政规章制度或者技术操作规范，造成严重后果的，由县级以上人民政府卫生行政部门给予警告或者责令暂停六个月以上一年以下执业活动；情节严重的，吊销其执业证书；构成犯罪的，依法追究刑事责任。

虽然，在临床医学实践中诊断错误并不一定构成误诊。但是如果医生在诊断过程中明显不负责并做出了错误的诊断，一般就可认定为误诊。如：没有进行必要的医学检查；不

---

① 节选自：罗振华. 医疗纠纷典型案例剖析. 上海：第二军医大学出版社，2001，91～92

② 来源：中国法院网，发布日期：2006 年 1 月 20 日

认真询问病人，采集病史；对患者马虎从事、疏忽大意；不认真学习专业技术，技术水平明显低下等表现。

案例分析练习 近日，一起请求医院赔偿110多万元的医疗事故纠纷案件在贵港市中级人民法院审结。法院一审判决平南县人民医院赔偿患者陈某各项经济损失945806. 30元。今年18岁的陈某是一乖巧的女孩子。1998年7月15日，陈某因颈部有一肿物而到平陶县人民医院就诊，该院诊断为“先天性甲状舌管囊肿”，并通知陈某住院治疗。陈某入院治疗后，该院于第二日对其施行了摘除手术，并于7月20日出院，陈某出院后不久，出现面部浮肿、面色苍白、怕寒、乏力、肢冷等症状，经门诊治疗没有好转，后到广西医科大学住院治疗，该院诊断为“原发性甲状腺功能减退症（永久性）”，必须终身替代治疗，即必须终身服用药物替代治疗。经平南县、贵港市医疗事故技术鉴定委员会鉴定，结论均为二级甲等医疗事故。法院受理此案后，亦委托区高级人民法院司法鉴定机构进行法医学鉴定，鉴定结论认定医院有过错责任。

法院审理认为，原告陈某因异位甲状腺到被告平南县人民医院就诊，被告对此没有进行必要的检查而误诊为“先天性甲状舌管囊肿“和“甲状腺滤泡性腺瘤”，并施行手术误切了原告的甲状腺组织，造成原告永久性甲状腺功能重度减退，需终身服用药物替代治疗。被告在施行手术前，没有对原告进行必要的检查，也没有进行会诊，造成诊断错误，最终导致误切了原告的甲状腺组织。因此，原告永久性甲状腺功能重度减退完全是被告误诊误治的医疗过失行为所致，并不是在医疗活动中由于患者病情异常或者体质特殊而发生的医疗意外。平南县和贵港市医疗事故鉴定委员会的医疗事故鉴定客观、科学。区高级人民法院司法鉴定机构的医疗鉴定结论也认定被告应承担医疗过错责任。因此，被告应对其医疗过失行为给原告造成的人身损害结果承担赔偿责任。①

请你分析本案法院判决的根据和赔偿数额的构成。

第二节　非医疗事故纠纷典型案例及其简析

案例一　实验性临床医疗引发的医疗纠纷案。

案情：2001年7月10日上午，湖南某医院王教授倒在了血泊里。他身中46刀，遍及面部、手臂、胸口和背部。凶手是其一名患者姓彭，长沙某高校在读研究生。彭某行凶的动机让人震惊。30多岁的彭某患有“慢性粒细胞性白血病”，王教授运用“自体骨髓移植”的为其进行治疗后，他的病没有得到有效的治疗。彭某认为王教授和医院的夸大宣传欺骗了他，为此他两个多月花去医药费5万余元，他要求医院赔钱或彻底治好他的病或送其到国外治疗。在医院答复无望的情况下，他又不断进行上访、投诉，都不能引起有关部门的重视，最终演变成凶杀事件。之后不久，中央电视台曾深入进行调查报道发现：王教授的治疗方法还未得到国家有关部门的审批，属于临床试验性的成果，而且，该医院作了不实的宣传。

简析

第一，本案中的患者彭某最后被法院以故意杀人罪判处了死刑，在此不再评述。该院在利益的驱动下，没有严格依法行医，不仅特殊检查、特殊治疗等问题向家属及患者交代不清，而且医院把未经过国家有关部门批准的属于临床试验性成果的技术进行临床运用，

① 来源：中国法院网，发布日期：2003 年 7 月 16 日

还做了虚假宣传，侵犯患者知情权，本身也存在过错。《医疗机构管理条例》第三十三条规定：医疗机构施行手术、特殊检查或者特殊治疗时，必须征得患者同意，并应当取得其家属或者关系人同意并签字。而临床试验性检查和治疗就是属于法规规定的特殊检查和特殊治疗，医院必须承担更严格的告知义务。

第二，《执业医师法》中规定，“医师进行实验性临床医疗，应当经医院批准并征得患者本人或者家属同意。”众所周知，任何科学实验都有可能出现意外，特别是在人体临床研究中，一旦发生不良反应或出现生命危险，仅仅靠“患者知情、同意”是不能解决由此产生的医疗纠纷的。科研人员与受试者双方的责任、权利、义务及发生意外如何处理等问题均缺乏明确规定。实验性技术临床运用究竟要经过哪一级行政部门批准？经医院批准就行了吗？实验性临床医疗的权限范围、实施人员的资格认定、损害赔偿等都存在清晰的界定问题。因此制定相关的“管理实施细则”就显得紧迫。

第三，根据《赫尔辛基宣言》、《人体生物医学研究国际指南》、《伦理学与人体研究国际指南》和《人体研究国际伦理学指南》的基本原则，结合我国宪法、民法和1999年9月国家药品监督管理局颁布施行的《药品临床实验管理规范》等法律法规，我们认为在医学科研活动中，除了生命健康权外，特别应注意不要伤害了患者的以下基本权利：一是要维护患者的人格尊严权。二是要维护患者的知情同意权和自愿的权利。三是维护患者个人资料和信息的保密权。四是患者因为参与医学科研活动受到伤害时，要维护患者获得治疗和适当获得的保险补偿的权利。

案例二 擅自解剖死者尸体并留取脏器的医疗纠纷案。

案情：2002年12月，患者彭某因败血症、多脏器功能衰竭死亡。彭某的家属怀疑某医院的诊断和治疗有误，向院方提出对彭某尸体进行解剖检验，以查明死因。某医院对患者家属的要求未给予明确的答复。在彭某死亡的当天，某医院在没有办理完备尸检手续的情况下，由该院医务人员对彭某的尸体进行了解剖检验，并取出了心、肝、肺等脏器留作研究之用。彭某的家属知道后对此甚为不满，与院方发生争执。[①]

简析

第一，有关尸体所有权的归属问题。参照我国《民法通则》关于保护财产所有权的规定，由于亲属与死者存在血缘关系，其对死者尸体享有所有权。亲属可以根据死者的遗嘱或者本人的意愿，将尸体火化或者献给医疗单位做教学解剖用，其他组织或个人未经家属同意，都无权擅自进行处分。医院未经死者家属明确同意，无权进行处分尸体。

第二，根据《解剖尸体规则》的规定，本案是属于病理解剖检验。病理解剖检验必须是有科学研究价值者，或者是罕见的疾病或疾病发展过程与常规不符合的等，而且一般应先取得家属或单位负责人的同意。本案并不属于法定的病理解剖检验的范围，而且也没有取得家属的同意。

第三，参照《最高人民法院关于确定民事侵权精神损害赔偿责任若干问题的解释》第三条第三款的规定，非法利用、损害遗体、遗骨，或者以违反社会公共利益、社会公德的其他方式侵害遗体、遗骨的，其近亲属因此遭受精神痛苦，向人民法院起诉请求赔偿精神损害的，人民法院应当依法予以受理。本案中某医院擅自解剖尸体，并留取了脏器做标本，破坏了尸体的完整性，伤害了死者近亲属的感情，其精神也受到了损害，因此依法应得到

① 节选自：李克. 以案说法——医疗事故纠纷案例. 北京：人民法院出版社，2004，48

精神损害赔偿。

案例三 侵犯患者隐私权的医疗纠纷。

案情：2003年4月20日，患者某年轻小姐在某医院透视X光检查时，一名男医生要求她脱光上衣。某小姐不知所措，只好全脱掉。陪同某小姐同去医院的张先生在法庭上作证说，某小姐进检查室后，他在走廊里听见男医生声音很大地对某小姐说："快把衣服脱了。"和"把衣服脱光"的话，张先生觉得奇怪就推门进了检查室，他看见某小姐光着上身双手抱胸在发抖。事后，某小姐以人格尊严和隐私权利受到侵害起诉该医院，要求医院赔礼道歉，赔偿精神损失1000元。医院认为，脱衣是为保证诊断准确，避免衣物影响X线片。医院方强调，在拍摄过程中，某小姐本人并未提出异议。某小姐的代理律师认为：如确实需要脱衣应事先向患者说明检查要求和程序，使患者能够充分选择就医，而不是用粗暴的不当处置行为，给患者造成精神影响。

简析

1. 是否存在侵犯患者隐私权的行为 《执业医师法》第二十二条规定医师在执业活动中要履行关心、爱护、尊重患者，保护患者的隐私的义务。医院在医疗服务中应一切为了患者的利益，在医疗服务可能对患者造成损害时，应告知患者并取得患者的明确同意，要求患者脱光衣服进行X线检查并非必要，也非医疗惯例。

2.《民法通则》第一百零一条规定 公民、法人享有名誉权，公民的人格尊严受法律保护，禁止用侮辱、诽谤等方式损害公民、法人的名誉。因此被告的行为侵害了原告的人格尊严，造成了原告精神伤害，应依法承担法律责任。考虑被告不当医疗行为对原告造成的实际伤害，判决被告对原告赔礼道歉、赔偿精神损失，承担本案全部诉讼费用。

案例四 不满疗效骚扰医务，一患者家属被告上法庭。

案情：2002年7月30日，宋某因腰腿疼痛到某医院就诊。医院经诊断进行治疗，但是病人病情未见好转并且加重。于是，宋某的妻子杨女士没有听从医院的建议去申请医疗事故鉴定。从2002年9月10日起，她就和其亲属以协商解决医疗事故为由，多次到某医院进行吵闹，并干扰了经治科室的医生给病人看病、治疗，致使该科从9月17日至9月25日被迫停诊，造成经济损失预计为一万多元。院方要求杨女士赔偿，并将其告上法院。

简析 根据《医疗事故处理条例》第五十九条的规定，以医疗事故为由，寻衅滋事、抢夺病历资料，扰乱医疗机构正常医疗秩序和医疗事故技术鉴定工作，依照刑法关于扰乱社会秩序罪的规定，依法追究刑事责任；尚不够刑事处罚的，依法给予治安管理处罚。早在2001年，卫生部、公安部联合发布了《卫生部公安部通告》，其中第五条规定，在医疗机构内寻衅滋事的、扰乱医疗机构正常诊疗秩序的行为，由公安部门依据有关治安管理处罚条例进行处罚。杨女士其丈夫病情的加重，在没有做医疗事故鉴定的情况下，不能就认定是由于医院治疗不当引起的，因此伙同亲属到该医院经治科室进行干扰、阻止该科医生给病人看病、治疗，甚至导致了医院停诊，其行为已经严重侵害了医院的诊疗秩序，依法应当承担侵权的法律后果，赔偿医院因此停诊带来的实际损失费用。

案例五 医学会做出不属于医疗事故的鉴定结论，医疗机构是否还应承担赔偿责任？①

案情：2002年8月某日，张某到某医院妇产科住院待产，当晚自然分娩一男婴。晚12时左右，张某感到胸闷、心悸，阴道出血不止，经抢救无效死亡。医院出具的死亡报告单

① 节选自：李克. 以案说法——医疗事故纠纷案例. 北京：人民法院出版社，2004，48

中认为，张某的死因为产后大出血和失血性休克。张某的家属向当地法院提起了诉讼要求医院赔偿。当地法院委托医学会进行了医疗事故技术鉴定。当地医学会的鉴定结论为：医院病历书写尚欠规范，入院时未及时定血型，催产素点滴无专人监护，记录不全，产妇死亡后未按照规定让其家属签字确认，但产妇死亡与医疗行为无直接的因果关系，故本案不构成医疗事故。张某家属不服，法院又委托某司法鉴定中心再次进行鉴定。司法鉴定中心的结论是：张某产后大出血的原因是多方面的，死者到底是何原因引起大出血，没有尸检报告，该中心不能下结论，不同意书面复函。

简析

（1）医疗事故鉴定结论的性质是属于证据，根据民事诉讼法第六十三条的规定，“证据必须查证属实，才能作为认定事实的根据。”它必须接受司法审查，以确定其证明力。在医疗事故鉴定结论中，并没有指出张某死亡的原因。因此不能作为定案的依据。

（2）根据最高人民法院《关于民事诉讼证据的若干规定》第四条第八款的规定：因医疗行为引起的侵权诉讼，由医疗机构就医疗行为与损害结果不存在因果关系及不存在医疗过错承担举证责任。张某死亡后，医院未按照规定让死者家属签字确认，又没有充分的证据证明死者家属拒绝尸检，或者拖延了尸检的时间致使无法进行尸检。某医院对其医疗行为与产妇死亡之间不存在因果关系，不能提出有说服力的证据，由此应当承担相应的法律后果。

（3）本案适用的法律应该根据最高人民法院《关于参照〈医疗事故处理条例〉审理医疗纠纷民事案件的通知》第一条规定：《医疗事故处理条例》施行后发生的医疗事故引起的医疗赔偿纠纷，诉到法院的，参照条例的有关规定办理；因医疗事故以外的原因引起的其他医疗赔偿纠纷，适用《民法通则》的规定。因医疗事故以外的原因引起的其他医疗赔偿纠纷，主要是指非医疗行为引起的人身损害赔偿。而本案是发生在医疗服务过程中，患者因产后大出血导致死亡的纠纷，应该参照《医疗事故处理条例》的有关规定进行审理。

附录　医疗纠纷法律处理涉及的主要法律法规

一、医疗事故处理条例

第一章　总则

第一条　为了正确处理医疗事故，保护患者和医疗机构及其医务人员的合法权益，维护医疗秩序，保障医疗安全，促进医学科学的发展，制定本条例。

第二条　本条例所称医疗事故，是指医疗机构及其医务人员在医疗活动中，违反医疗卫生管理法律、行政法规、部门规章和诊疗护理规范、常规，过失造成患者人身损害的事故。

第三条　处理医疗事故，应当遵循公开、公平、公正、及时、便民的原则，坚持实事求是的科学态度，做到事实清楚、定性准确、责任明确、处理恰当。

第四条　根据对患者人身造成的损害程度，医疗事故分为四级：

一级医疗事故：造成患者死亡、重度残疾的；

二级医疗事故：造成患者中度残疾、器官组织损伤导致严重功能障碍的；

三级医疗事故：造成患者轻度残疾、器官组织损伤导致一般功能障碍的；

四级医疗事故：造成患者明显人身损害的其他后果的。

具体分级标准由国务院卫生行政部门制定。

第二章　医疗事故的预防与处置

第五条　医疗机构及其医务人员在医疗活动中，必须严格遵守医疗卫生管理法律、行政法规、部门规章和诊疗护理规范、常规，恪守医疗服务职业道德。

第六条　医疗机构应当对其医务人员进行医疗卫生管理法律、行政法规、部门规章和诊疗护理规范、常规的培训和医疗服务职业道德教育。

第七条　医疗机构应当设置医疗服务质量监控部门或者配备专（兼）职人员，具体负责监督本医疗机构的医务人员的医疗服务工作，检查医务人员执业情况，接受患者对医疗服务的投诉，向其提供咨询服务。

第八条　医疗机构应当按照国务院卫生行政部门规定的要求，书写并妥善保管病历资料。因抢救急危患者，未能及时书写病历的，有关医务人员应当在抢救结束后6小时内据实补记，并加以注明。

第九条　严禁涂改、伪造、隐匿、销毁或者抢夺病历资料。

第十条　患者有权复印或者复制其门诊病历、住院志、体温单、医嘱单、化验单（检验报告）、医学影像检查资料、特殊检查同意书、手术同意书、手术及麻醉记录单、病理资料、护理记录以及国务院卫生行政部门规定的其他病历资料。

患者依照前款规定要求复印或者复制病历资料的，医疗机构应当提供复印或者复制服务并在复印或者复制的病历资料上加盖证明印记。复印或者复制病历资料时，应当有患者在场。

医疗机构应患者的要求，为其复印或者复制病历资料，可以按照规定收取工本费。具体收费标准由省、自治区、直辖市人民政府价格主管部门会同同级卫生行政部门规定。

第十一条　在医疗活动中，医疗机构及其医务人员应当将患者的病情、医疗措施、医疗风险等如实告知患者，及时解答其咨询；但是，应当避免对患者产生不利后果。

第十二条　医疗机构应当制定防范、处理医疗事故的预案，预防医疗事故的发生，减轻医疗事故的损害。

第十三条　医务人员在医疗活动中发生或者发现医疗事故、可能引起医疗事故的医疗过失行为或者发生医疗事故争议的，应当立即向所在科室负责人报告，科室负责人应当及时向本医疗机构负责医疗服务质量监控的部门或者专（兼）职人员报告；负责医疗服务质量监控的部门或者专（兼）职人员接到报告后，应当立即进行调查、核实，将有关情况如实向本医疗机构的负责人报告，并向患者通报、解释。

第十四条　发生医疗事故的，医疗机构应当按照规定向所在地卫生行政部门报告。发生下列重大医疗过失行为的，医疗机构应当在1 2小时内向所在地卫生行政部门报告：

（一）导致患者死亡或者可能为二级以上的医疗事故；

（二）导致3人以上人身损害后果；

（三）国务院卫生行政部门和省、自治区、直辖市人民政府卫生行政部门规定的其他情形。

第十五条　发生或者发现医疗过失行为，医疗机构及其医务人员应当立即采取有效措施，避免或者减轻对患者身体健康的损害，防止损害扩大。

第十六条　发生医疗事故争议时，死亡病例讨论记录、疑难病例讨论记录、上级医师查房记录、会诊意见、病程记录应当在医患双方在场的情况下封存和启封。封存的病历资料可以是复印件，由医疗机构保管。

第十七条　疑似输液、输血、注射、药物等引起不良后果的，医患双方应当共同对现场实物进行封存和启封，封存的现场实物由医疗机构保管；需要检验的，应当由双方共同指定的、依法具有检验资格的检验机构进行检验；双方无法共同指定时，由卫生行政部门指定。

疑似输血引起不良后果，需要对血液进行封存保留的，医疗机构应当通知提供该血液的采供血机构派员到场。

第十八条　患者死亡，医患双方当事人不能确定死因或者对死因有异议的，应当在患者死亡后48小时内进行尸检；具备尸体冻存条件的，可以延长至7日。尸检应当经死者近亲属同意并签字。

尸检应当由按照国家有关规定取得相应资格的机构和病理解剖专业技术人员进行。承担尸检任务的机构和病理解剖专业技术人员有进行尸检的义务。

医疗事故争议双方当事人可以请法医病理学人员参加尸检，也可以委派代表观察尸检过程。拒绝或者拖延尸检，超过规定时间，影响对死因判定的，由拒绝或者拖延的一方承担责任。

第十九条　患者在医疗机构内死亡的，尸体应当立即移放太平间。死者尸体存放时间一般不得超过2周。逾期不处理的尸体，经医疗机构所在地卫生行政部门批准，并报经同级公安部门备案后，由医疗机构按照规定进行处理。

第三章　医疗事故的技术鉴定

第二十条　卫生行政部门接到医疗机构关于重大医疗过失行为的报告或者医疗事故争议当事人要求处理医疗事故争议的申请后，对需要进行医疗事故技术鉴定的，应当交由负责医疗事故技术鉴定工作的医学会组织鉴定；医患双方协商解决医疗事故争议，需要进行医疗事故技术鉴定的，由双方当事人共同委托负责医疗事故技术鉴定工作的医学会组织鉴定。

第二十一条　设区的市级地方医学会和省、自治区、直辖市直接管辖的县（市）地方医学会负责组织首次医疗事故技术鉴定工作。省、自治区、直辖市地方医学会负责组织再次鉴定工作。

必要时，中华医学会可以组织疑难、复杂并在全国有重大影响的医疗事故争议的技术鉴定工作。

第二十二条　当事人对首次医疗事故技术鉴定结论不服的，可以自收到首次鉴定结论之日起15日内向医疗机构所在地卫生行政部门提出再次鉴定的申请。

第二十三条　负责组织医疗事故技术鉴定工作的医学会应当建立专家库。

专家库由具备下列条件的医疗卫生专业技术人员组成：

（一）有良好的业务素质和执业品德；

（二）受聘于医疗卫生机构或者医学教学、科研机构并担任相应专业高级技术职务 3 年以上。

符合前款第（一）项规定条件并具备高级技术任职资格的法医可以受聘进入专家库。

负责组织医疗事故技术鉴定工作的医学会依照本条例规定聘请医疗卫生专业技术人员和法医进入专家库，可以不受行政区域的限制。

第二十四条　医疗事故技术鉴定，由负责组织医疗事故技术鉴定工作的医学会组织专家鉴定组进行。

参加医疗事故技术鉴定的相关专业的专家，由医患双方在医学会主持下从专家库中随机抽取。在特殊情况下，医学会根据医疗事故技术鉴定工作的需要，可以组织医患双方在其他医学会建立的专家库中随机抽取相关专业的专家参加鉴定或者函件咨询。

符合本条例第二十三条规定条件的医疗卫生专业技术人员和法医有义务受聘进入专家库，并承担医疗事故技术鉴定工作。

第二十五条　专家鉴定组进行医疗事故技术鉴定，实行合议制。专家鉴定组人数为单数，涉及的主要学科的专家一般不得少于鉴定组成员的二分之一；涉及死因、伤残等级鉴定的，并应当从专家库中随机抽取法医参加专家鉴定组。

第二十六条　专家鉴定组成员有下列情形之一的，应当回避，当事人也可以以口头或者书面的方式申请其回避：

（一）是医疗事故争议当事人或者当事人的近亲属的；

（二）与医疗事故争议有利害关系的；

（三）与医疗事故争议当事人有其他关系，可能影响公正鉴定的。

第二十七条　专家鉴定组依照医疗卫生管理法律、行政法规、部门规章和诊疗护理规范、常规，运用医学科学原理和专业知识，独立进行医疗事故技术鉴定，对医疗事故进行鉴别和判定，为处理医疗事故争议提供医学依据。

任何单位或者个人不得干扰医疗事故技术鉴定工作，不得威胁、利诱、辱骂、殴打专家鉴定组成员。

专家鉴定组成员不得接受双方当事人的财物或者其他利益。

第二十八条　负责组织医疗事故技术鉴定工作的医学会应当自受理医疗事故技术鉴定之日起 5 日内通知医疗事故争议双方当事人提交进行医疗事故技术鉴定所需的材料。

当事人应当自收到医学会的通知之日起10日内提交有关医疗事故技术鉴定的材料、书面陈述及答辩。医疗机构提交的有关医疗事故技术鉴定的材料应当包括下列内容：

（一）住院患者的病程记录、死亡病例讨论记录、疑难病例讨论记录、会诊意见、上级医师查房记录等病历资料原件；

（二）住院患者的住院志、体温单、医嘱单、化验单（检验报告）、医学影像检查资料、特殊检查同意书、手术同意书、手术及麻醉记录单、病理资料、护理记录等病历资料原件；

（三）抢救急危患者，在规定时间内补记的病历资料原件；

（四）封存保留的输液、注射用物品和血液、药物等实物，或者依法具有检验资格的检验机构对这些物品、实物做出的检验报告；

（五）与医疗事故技术鉴定有关的其他材料。

在医疗机构建有病历档案的门诊、急诊患者，其病历资料由医疗机构提供；没有在医疗机构建立病历档案的，由患者提供。医患双方应当依照本条例的规定提交相关材料。医疗机构无正当理由未依照本条例的规定如实提供相关材料，导致医疗事故技术鉴定不能进行的，应当承担责任。

第二十九条　负责组织医疗事故技术鉴定工作的医学会应当自接到当事人提交的有关医疗事故技术鉴定的材料、书面陈述及答辩之日起45日内组织鉴定并出具医疗事故技术鉴定书。负责组织医疗事故技术鉴定工作的医学会可以向双方当事人调查取证。

第三十条　专家鉴定组应当认真审查双方当事人提交的材料，听取双方当事人的陈述及答辩并进行核实。双方当事人应当按照本条例的规定如实提交进行医疗事故技术鉴定所需要的材料，并积极配合调查。当事人任何一方不予配合，影响医疗事故技术鉴定的，由不予配合的一方承担责任。

第三十一条　专家鉴定组应当在事实清楚、证据确凿的基础上，综合分析患者的病情和个体差异，做出鉴定结论，并制作医疗事故技术鉴定书。鉴定结论以专家鉴定组成员的过半数通过。鉴定过程应当如实记载。

医疗事故技术鉴定书应当包括下列主要内容：

（一）双方当事人的基本情况及要求；

（二）当事人提交的材料和负责组织医疗事故技术鉴定工作的医学会的调查材料；

（三）对鉴定过程的说明；

（四）医疗行为是否违反医疗卫生管理法律、行政法规、部门规章和诊疗护理规范、常规；

（五）医疗过失行为与人身损害后果之间是否存在因果关系；

（六）医疗过失行为在医疗事故损害后果中的责任程度；

（七）医疗事故等级；

（八）对医疗事故患者的医疗护理医学建议。

第三十二条　医疗事故技术鉴定办法由国务院卫生行政部门制定。

第三十三条　有下列情形之一的，不属于医疗事故：

（一）在紧急情况下为抢救垂危患者生命而采取紧急医学措施造成不良后果的；

（二）在医疗活动中由于患者病情异常或者患者体质特殊而发生医疗意外的；

（三）在现有医学科学技术条件下，发生无法预料或者不能防范的不良后果的；

（四）无过错输血感染造成不良后果的；

（五）因患方原因延误诊疗导致不良后果的；

（六）因不可抗力造成不良后果的。

第三十四条　医疗事故技术鉴定，可以收取鉴定费用。经鉴定，属于医疗事故的，鉴定费用由医疗机构支付；不属于医疗事故的，鉴定费用由提出医疗事故处理申请的一方支付。鉴定费用标准由省、自治区、直辖市人民政府价格主管部门会同同级财政部门、卫生行政部门规定。

第四章 医疗事故的行政处理与监督

第三十五条 卫生行政部门应当依照本条例和有关法律、行政法规、部门规章的规定，对发生医疗事故的医疗机构和医务人员做出行政处理。

第三十六条 卫生行政部门接到医疗机构关于重大医疗过失行为的报告后，除责令医疗机构及时采取必要的医疗救治措施，防止损害后果扩大外，应当组织调查，判定是否属于医疗事故；对不能判定是否属于医疗事故的，应当依照本条例的有关规定交由负责医疗事故技术鉴定工作的医学会组织鉴定。

第三十七条 发生医疗事故争议，当事人申请卫生行政部门处理的，应当提出书面申请。申请书应当载明申请人的基本情况、有关事实、具体请求及理由等。

当事人自知道或者应当知道其身体健康受到损害之日起1年内，可以向卫生行政部门提出医疗事故争议处理申请。

第三十八条 发生医疗事故争议，当事人申请卫生行政部门处理的，由医疗机构所在地的县级人民政府卫生行政部门受理。医疗机构所在地是直辖市的，由医疗机构所在地的区、县人民政府卫生行政部门受理。

有下列情形之一的，县级人民政府卫生行政部门应当自接到医疗机构的报告或者当事人提出医疗事故争议处理申请之日起7日内移送上一级人民政府卫生行政部门处理：

（一）患者死亡；

（二）可能为二级以上的医疗事故；

（三）国务院卫生行政部门和省、自治区、直辖市人民政府卫生行政部门规定的其他情形。

第三十九条 卫生行政部门应当自收到医疗事故争议处理申请之日起10日内进行审查，做出是否受理的决定。对符合本条例规定，予以受理，需要进行医疗事故技术鉴定的，应当自做出受理决定之日起5日内将有关材料交由负责医疗事故技术鉴定工作的医学会组织鉴定并书面通知申请人；对不符合本条例规定，不予受理的，应当书面通知申请人并说明理由。

当事人对首次医疗事故技术鉴定结论有异议，申请再次鉴定的，卫生行政部门应当自收到申请之日起7日内交由省、自治区、直辖市地方医学会组织再次鉴定。

第四十条 当事人既向卫生行政部门提出医疗事故争议处理申请，又向人民法院提起诉讼的，卫生行政部门不予受理；卫生行政部门已经受理的，应当终止处理。

第四十一条 卫生行政部门收到负责组织医疗事故技术鉴定工作的医学会出具的医疗事故技术鉴定书后，应当对参加鉴定的人员资格和专业类别、鉴定程序进行审核；必要时，可以组织调查，听取医疗事故争议双方当事人的意见。

第四十二条 卫生行政部门经审核，对符合本条例规定做出的医疗事故技术鉴定结论，应当作为对发生医疗事故的医疗机构和医务人员做出行政处理以及进行医疗事故赔偿调解的依据；经审核，发现医疗事故技术鉴定不符合本条例规定的，应当要求重新鉴定。

第四十三条 医疗事故争议由双方当事人自行协商解决的，医疗机构应当自协商解决之日起7日内向所在地卫生行政部门做出书面报告，并附具协议书。

第四十四条 医疗事故争议经人民法院调解或者判决解决的，医疗机构应当自收到生效的人民法院的调解书或者判决书之日起7日内向所在地卫生行政部门做出书面报告，并附具调解书或者判决书。

第四十五条 县级以上地方人民政府卫生行政部门应当按照规定逐级将当地发生的医疗

事故以及依法对发生医疗事故的医疗机构和医务人员做出行政处理的情况，上报国务院卫生行政部门。

第五章　医疗事故的赔偿

第四十六条　发生医疗事故的赔偿等民事责任争议，医患双方可以协商解决；不愿意协商或者协商不成的，当事人可以向卫生行政部门提出调解申请，也可以直接向人民法院提起民事诉讼。

第四十七条　双方当事人协商解决医疗事故的赔偿等民事责任争议的，应当制作协议书。协议书应当载明双方当事人的基本情况和医疗事故的原因、双方当事人共同认定的医疗事故等级以及协商确定的赔偿数额等，并由双方当事人在协议书上签名。

第四十八条　已确定为医疗事故的，卫生行政部门应医疗事故争议双方当事人请求，可以进行医疗事故赔偿调解。调解时，应当遵循当事人双方自愿原则，并应当依据本条例的规定计算赔偿数额。

经调解，双方当事人就赔偿数额达成协议的，制作调解书，双方当事人应当履行；调解不成或者经调解达成协议后一方反悔的，卫生行政部门不再调解。

第四十九条　医疗事故赔偿，应当考虑下列因素，确定具体赔偿数额：

（一）医疗事故等级；

（二）医疗过失行为在医疗事故损害后果中的责任程度；

（三）医疗事故损害后果与患者原有疾病状况之间的关系。

不属于医疗事故的，医疗机构不承担赔偿责任。

第五十条　医疗事故赔偿，按照下列项目和标准计算：

（一）医疗费：按照医疗事故对患者造成的人身损害进行治疗所发生的医疗费用计算，凭据支付，但不包括原发病医疗费用。结案后确实需要继续治疗的，按照基本医疗费用支付。

（二）误工费：患者有固定收入的，按照本人因误工减少的固定收入计算，对收入高于医疗事故发生地上一年度职工年平均工资 3 倍以上的，按照 3 倍计算；无固定收入的，按照医疗事故发生地上一年度职工年平均工资计算。

（三）住院伙食补助费：按照医疗事故发生地国家机关一般工作人员的出差伙食补助标准计算。

（四）陪护费：患者住院期间需要专人陪护的，按照医疗事故发生地上一年度职工年平均工资计算。

（五）残疾生活补助费：根据伤残等级，按照医疗事故发生地居民年平均生活费计算，自定残之月起最长赔偿30年；但是，60周岁以上的，不超过15年；70周岁以上的，不超过 5 年。

（六）残疾用具费：因残疾需要配置补偿功能器具的，凭医疗机构证明，按照普及型器具的费用计算。

（七）丧葬费：按照医疗事故发生地规定的丧葬费补助标准计算。

（八）被扶养人生活费：以死者生前或者残疾者丧失劳动能力前实际扶养且没有劳动能力的人为限，按照其户籍所在地或者居所地居民最低生活保障标准计算。对不满16周岁的，扶养到16周岁。对年满16周岁但无劳动能力的，扶养20年；但是，60周岁以上的，不超过15年；70周岁以上的，不超过5年。

（九）交通费：按照患者实际必需的交通费用计算，凭据支付。

（十）住宿费：按照医疗事故发生地国家机关一般工作人员的出差住宿补助标准计算，凭据支付。

（十一）精神损害抚慰金：按照医疗事故发生地居民年平均生活费计算。造成患者死亡的，赔偿年限最长不超过6年；造成患者残疾的，赔偿年限最长不超过3年。

第五十一条　参加医疗事故处理的患者近亲属所需交通费、误工费、住宿费，参照本条例第五十条的有关规定计算，计算费用的人数不超过2人。

医疗事故造成患者死亡的，参加丧葬活动的患者的配偶和直系亲属所需交通费、误工费、住宿费，参照本条例第五十条的有关规定计算，计算费用的人数不超过2人。

第五十二条　医疗事故赔偿费用，实行一次性结算，由承担医疗事故责任的医疗机构支付。

第六章　罚则

第五十三条　卫生行政部门的工作人员在处理医疗事故过程中违反本条例的规定，利用职务上的便利收受他人财物或者其他利益，滥用职权，玩忽职守，或者发现违法行为不予查处，造成严重后果的，依照刑法关于受贿罪、滥用职权罪、玩忽职守罪或者其他有关罪的规定，依法追究刑事责任；尚不够刑事处罚的，依法给予降级或者撤职的行政处分。

第五十四条　卫生行政部门违反本条例的规定，有下列情形之一的，由上级卫生行政部门给予警告并责令限期改正；情节严重的，对负有责任的主管人员和其他直接责任人员依法给予行政处分：

（一）接到医疗机构关于重大医疗过失行为的报告后，未及时组织调查的；

（二）接到医疗事故争议处理申请后，未在规定时间内审查或者移送上一级人民政府卫生行政部门处理的；

（三）未将应当进行医疗事故技术鉴定的重大医疗过失行为或者医疗事故争议移交医学会组织鉴定的；

（四）未按照规定逐级将当地发生的医疗事故以及依法对发生医疗事故的医疗机构和医务人员的行政处理情况上报的；

（五）未依照本条例规定审核医疗事故技术鉴定书的。

第五十五条　医疗机构发生医疗事故的，由卫生行政部门根据医疗事故等级和情节，给予警告；情节严重的，责令限期停业整顿直至由原发证部门吊销执业许可证，对负有责任的医务人员依照刑法关于医疗事故罪的规定，依法追究刑事责任；尚不够刑事处罚的，依法给予行政处分或者纪律处分。

对发生医疗事故的有关医务人员，除依照前款处罚外，卫生行政部门并可以责令暂停6个月以上1年以下执业活动；情节严重的，吊销其执业证书。

第五十六条　医疗机构违反本条例的规定，有下列情形之一的，由卫生行政部门责令改正；情节严重的，对负有责任的主管人员和其他直接责任人员依法给予行政处分或者纪律处分：

（一）未如实告知患者病情、医疗措施和医疗风险的；

（二）没有正当理由，拒绝为患者提供复印或者复制病历资料服务的；

（三）未按照国务院卫生行政部门规定的要求书写和妥善保管病历资料的；

（四）未在规定时间内补记抢救工作病历内容的；

（五）未按照本条例的规定封存、保管和启封病历资料和实物的；

（六）未设置医疗服务质量监控部门或者配备专（兼）职人员的；

（七）未制定有关医疗事故防范和处理预案的；

（八）未在规定时间内向卫生行政部门报告重大医疗过失行为的；

（九）未按照本条例的规定向卫生行政部门报告医疗事故的；

（十）未按照规定进行尸检和保存、处理尸体的。

第五十七条　参加医疗事故技术鉴定工作的人员违反本条例的规定，接受申请鉴定双方或者一方当事人的财物或者其他利益，出具虚假医疗事故技术鉴定书，造成严重后果的，依照刑法关于受贿罪的规定，依法追究刑事责任；尚不够刑事处罚的，由原发证部门吊销其执业证书或者资格证书。

第五十八条　医疗机构或者其他有关机构违反本条例的规定，有下列情形之一的，由卫生行政部门责令改正，给予警告；对负有责任的主管人员和其他直接责任人员依法给予行政处分或者纪律处分；情节严重的，由原发证部门吊销其执业证书或者资格证书：

（一）承担尸检任务的机构没有正当理由，拒绝进行尸检的；

（二）涂改、伪造、隐匿、销毁病历资料的。

第五十九条　以医疗事故为由，寻衅滋事、抢夺病历资料，扰乱医疗机构正常医疗秩序和医疗事故技术鉴定工作，依照刑法关于扰乱社会秩序罪的规定，依法追究刑事责任；尚不够刑事处罚的，依法给予治安管理处罚。

第七章　附则

第六十条　本条例所称医疗机构，是指依照《医疗机构管理条例》的规定取得《医疗机构执业许可证》的机构。

县级以上城市从事计划生育技术服务的机构依照《计划生育技术服务管理条例》的规定开展与计划生育有关的临床医疗服务，发生的计划生育技术服务事故，依照本条例的有关规定处理；但是，其中不属于医疗机构的县级以上城市从事计划生育技术服务的机构发生的计划生育技术服务事故，由计划生育行政部门行使依照本条例有关规定由卫生行政部门承担的受理、交由负责医疗事故技术鉴定工作的医学会组织鉴定和赔偿调解的职能；对发生计划生育技术服务事故的该机构及其有关责任人员，依法进行处理。

第六十一条 非法行医，造成患者人身损害，不属于医疗事故，触犯刑律的，依法追究刑事责任；有关赔偿，由受害人直接向人民法院提起诉讼。

第六十二条 军队医疗机构的医疗事故处理办法，由中国人民解放军卫生主管部门会同国务院卫生行政部门依据本条例制定。

第六十三条 本条例自2002年9月1日起施行。1987年6月29日国务院发布的《医疗事故处理办法》同时废止。本条例施行前已经处理结案的医疗事故争议，不再重新处理。

二、医疗机构病历管理规定

第一条　为了加强医疗机构病历管理，保证病历资料客观、真实、完整，根据《医疗机构管理条例》和《医疗事故处理条例》等法规，制定本规定。

第二条　病历是指医务人员在医疗活动过程中形成的文字、符号、图表、影像、切片等资料的总和，包括门（急）诊病历和住院病历。

第三条　医疗机构应当建立病历管理制度，设置专门部门或者配备专（兼）职人员，具体负责本机构病历和病案的保存与管理工作。

第四条　在医疗机构建有门（急）诊病历档案的，其门（急）诊病历由医疗机构负责保管；没有在医疗机构建立门（急）诊病历档案的，其门（急）诊病历由患者负责保管。住院病历由医疗机构负责保管。

第五条　医疗机构应当严格病历管理，严禁任何人涂改、伪造、隐匿、销毁、抢夺、窃取病历。

第六条　除涉及对患者实施医疗活动的医务人员及医疗服务质量监控人员外，其他任何机构和个人不得擅自查阅该患者的病历。

因科研、教学需要查阅病历的，需经患者就诊的医疗机构有关部门同意后查阅。阅后应当立即归还。不得泄露患者隐私。

第七条　医疗机构应当建立门（急）诊病历和住院病历编号制度。门（急）诊病历和住院病历应当标注页码。

第八条　在医疗机构建有门（急）诊病历档案患者的门（急）诊病历，应当由医疗机构指定专人送达患者就诊科室；患者同时在多科室就诊的，应当由医疗机构指定专人送达后续就诊科室。

在患者每次诊疗活动结束后24小时内，其门（急）诊病历应当收回。

第九条　医疗机构应当将门（急）诊患者的化验单（检验报告）、医学影像检查资料等在检查结果出具后24小时内归入门（急）诊病历档案。

第十条　在患者住院期间，其住院病历由所在病区负责集中、统一保管。

病区应当在收到住院患者的化验单（检验报告）、医学影像检查资料等检查结果后24小时内归入住院病历。

住院病历在患者出院后由设置的专门部门或者专（兼）职人员负责集中、统一保存与管理。

第十一条　住院病历因医疗活动或复印、复制等需要带离病区时，应当由病区指定专门人员负责携带和保管。

第十二条　医疗机构应当受理下列人员和机构复印或者复制病历资料的申请：

（一）患者本人或其代理人；

（二）死亡患者近亲属或其代理人；

（三）保险机构。

第十三条　医疗机构应当由负责医疗服务质量监控的部门或者专（兼）职人员负责受理复印或者复制病历资料的申请。受理申请时，应当要求申请人按照下列要求提供有关证明材料：

（一）申请人为患者本人的，应当提供其有效身份证明；

（二）申请人为患者代理人的，应当提供患者及其代理人的有效身份证明、申请人与患者代理关系的法定证明材料；

（三）申请人为死亡患者近亲属的，应当提供患者死亡证明及其近亲属的有效身份证明、申请人是死亡患者近亲属的法定证明材料；

（四）申请人为死亡患者近亲属代理人的，应当提供患者死亡证明、死亡患者近亲属及其代理人的有效身份证明，死亡患者与其近亲属关系的法定证明材料，申请人与死亡患者近亲属代理关系的法定证明材料；

（五）申请人为保险机构的，应当提供保险合同复印件，承办人员的有效身份证明，患者本人或者其代理人同意的法定证明材料；患者死亡的，应当提供保险合同复印件，承办人员的有效身份证明，死亡患者近亲属或者其代理人同意的法定证明材料。合同或者法律另有规定的除外。

第十四条　公安、司法机关因办理案件，需要查阅、复印或者复制病历资料的，医疗机构应当在公安、司法机关出具采集证据的法定证明及执行公务人员的有效身份证明后予以协助。

第十五条　医疗机构可以为申请人复印或者复制的病历资料包括：门（急）诊病历和住

院病历中的住院志（即入院记录）、体温单、医嘱单、化验单（检验报告）、医学影像检查资料、特殊检查（治疗）同意书、手术同意书、手术及麻醉记录单、病理报告、护理记录、出院记录。

第十六条　医疗机构受理复印或者复制病历资料申请后，应当在医务人员按规定时限完成病历后予以提供。

第十七条　医疗机构受理复印或者复制病历资料申请后，由负责医疗服务质量监控的部门或者专（兼）职人员通知负责保管门（急）诊病历档案的部门（人员）或者病区，将需要复印或者复制的病历资料在规定时间内送至指定地点，并在申请人在场的情况下复印或者复制。复印或者复制的病历资料经申请人核对无误后，医疗机构应当加盖证明印记。

第十八条　医疗机构复印或者复制病历资料，可以按照规定收取工本费。

第十九条　发生医疗事故争议时，医疗机构负责医疗服务质量监控的部门或者专（兼）职人员应当在患者或者其代理人在场的情况下封存死亡病例讨论记录、疑难病例讨论记录、上级医师查房记录、会诊意见、病程记录等。

封存的病历由医疗机构负责医疗服务质量监控的部门或者专（兼）职人员保管。

封存的病历可以是复印件。

第二十条　门（急）诊病历档案的保存时间自患者最后一次就诊之日起不少于15年。

第二十一条　病案的查阅、复印或者复制参照本规定执行。

第二十二条　本规定由卫生部负责解释。

第二十三条　本规定自2002年9月1日起施行。

三、最高人民法院关于参照《医疗事故处理条例》审理医疗纠纷民事案件的通知

法〔2003〕20号

各省、自治区、直辖市高级人民法院，解放军军事法院，新疆维吾尔自治区高级人民法院生产建设兵团分院：

2002年4月4日国务院公布了《医疗事故处理条例》（以下简称条例），自2002年9月1日起施行。条例对于妥善解决医疗纠纷，保护医患双方的合法权益，维护医疗秩序具有重要意义。现就人民法院参照条例审理医疗纠纷民事案件的有关问题通知如下：

一、条例施行后发生的医疗事故引起的医疗赔偿纠纷，诉到法院的，参照条例的有关规定办理；因医疗事故以外的原因引起的其他医疗赔偿纠纷，适用民法通则的规定。人民法院在条例施行前已经按照民法通则、原《医疗事故处理办法》等法律、法规审理的民事案件，依法进行再审的，不适用条例的规定。

二、人民法院在民事审判中，根据当事人的申请或者依职权决定进行医疗事故司法鉴定的，交由条例所规定的医学会组织鉴定。因医疗事故以外的原因引起的其他医疗赔偿纠纷需要进行司法鉴定的，按照《人民法院对外委托司法鉴定管理规定》组织鉴定。人民法院对司法鉴定申请和司法鉴定结论的审查按照《最高人民法院关于民事诉讼证据的若干规定》的有关规定处理。

三、条例施行后，人民法院审理因医疗事故引起的医疗赔偿纠纷民事案件，在确定医疗事故赔偿责任时，参照条例第四十九条、第五十条、第五十一条和第五十二条的规定办理。人民法院在审理涉及医疗事故民事案件中遇到的其他重大问题，请及时层报我院。

四、最高人民法院关于审理人身损害赔偿案件适用法律若干问题的解释

（2003年12月4日最高人民法院审判委员会第1299次会议通过）
（法释[2003]20号）

为正确审理人身损害赔偿案件，依法保护当事人的合法权益，根据《中华人民共和国民法通则》（以下简称民法通则）、《中华人民共和国民事诉讼法》（以下简称民事诉讼法）等有关法律规定，结合审判实践，就有关适用法律的问题作如下解释：

第一条　因生命、健康、身体遭受侵害，赔偿权利人起诉请求赔偿义务人赔偿财产损失和精神损害的，人民法院应予受理。

本条所称“赔偿权利人”，是指因侵权行为或者其他致害原因直接遭受人身损害的受害人、依法由受害人承担扶养义务的被扶养人以及死亡受害人的近亲属。

本条所称“赔偿义务人”，是指因自己或者他人的侵权行为以及其他致害原因依法应当承担民事责任的自然人、法人或者其他组织。

第二条　受害人对同一损害的发生或者扩大有故意、过失的，依照民法通则第一百三十一条的规定，可以减轻或者免除赔偿义务人的赔偿责任。但侵权人因故意或者重大过失致人损害，受害人只有一般过失的，不减轻赔偿义务人的赔偿责任。

适用民法通则第一百零六条第三款规定确定赔偿义务人的赔偿责任时，受害人有重大过失的，可以减轻赔偿义务人的赔偿责任。

第三条　二人以上共同故意或者共同过失致人损害，或者虽无共同故意、共同过失，但其侵害行为直接结合发生同一损害后果的，构成共同侵权，应当依照民法通则第一百三十条规定承担连带责任。

二人以上没有共同故意或者共同过失，但其分别实施的数个行为间接结合发生同一损害后果的，应当根据过失大小或者原因按比例各自承担相应的赔偿责任。

第四条　二人以上共同实施危及他人人身安全的行为并造成损害后果，不能确定实际侵害行为人的，应当依照民法通则第一百三十条规定承担连带责任。共同危险行为人能够证明损害后果不是由其行为造成的，不承担赔偿责任。

第五条　赔偿权利人起诉部分共同侵权人的，人民法院应当追加其他共同侵权人作为共同被告。赔偿权利人在诉讼中放弃对部分共同侵权人的诉讼请求的，其他共同侵权人对被放弃诉讼请求的被告应当承担的赔偿份额不承担连带责任。责任范围难以确定的，推定各共同侵权人承担同等责任。

人民法院应当将放弃诉讼请求的法律后果告知赔偿权利人，并将放弃诉讼请求的情况在法律文书中叙明。

第六条　从事住宿、餐饮、娱乐等经营活动或者其他社会活动的自然人、法人、其他组织，未尽合理限度范围内的安全保障义务致使他人遭受人身损害，赔偿权利人请求其承担相应赔偿责任的，人民法院应予支持。

因第三人侵权导致损害结果发生的，由实施侵权行为的第三人承担赔偿责任。安全保障义务人有过错的，应当在其能够防止或者制止损害的范围内承担相应的补充赔偿责任。安全保障义务人承担责任后，可以向第三人追偿。赔偿权利人起诉安全保障义务人的，应当将第三人作为共同被告，但第三人不能确定的除外。

第七条　对未成年人依法负有教育、管理、保护义务的学校、幼儿园或者其他教育机构，未尽职责范围内的相关义务致使未成年人遭受人身损害，或者未成年人致他人人身损害的，应

当承担与其过错相应的赔偿责任。

第三人侵权致未成年人遭受人身损害的，应当承担赔偿责任。学校、幼儿园等教育机构有过错的，应当承担相应的补充赔偿责任。

第八条　法人或者其他组织的法定代表人、负责人以及工作人员，在执行职务中致人损害的，依照民法通则第一百二十一条的规定，由该法人或者其他组织承担民事责任。上述人员实施与职务无关的行为致人损害的，应当由行为人承担赔偿责任。

属于《国家赔偿法》赔偿事由的，依照《国家赔偿法》的规定处理。

第九条　雇员在从事雇佣活动中致人损害的，雇主应当承担赔偿责任；雇员因故意或者重大过失致人损害的，应当与雇主承担连带赔偿责任。雇主承担连带赔偿责任的，可以向雇员追偿。

前款所称“从事雇佣活动”，是指从事雇主授权或者指示范围内的生产经营活动或者其他劳务活动。雇员的行为超出授权范围，但其表现形式是履行职务或者与履行职务有内在联系的，应当认定为“从事雇佣活动”。

第十条　承揽人在完成工作过程中对第三人造成损害或者造成自身损害的，定作人不承担赔偿责任。但定作人对定作、指示或者选任有过失的，应当承担相应的赔偿责任。

第十一条　雇员在从事雇佣活动中遭受人身损害，雇主应当承担赔偿责任。雇佣关系以外的第三人造成雇员人身损害的，赔偿权利人可以请求第三人承担赔偿责任，也可以请求雇主承担赔偿责任。雇主承担赔偿责任后，可以向第三人追偿。

雇员在从事雇佣活动中因安全生产事故遭受人身损害，发包人、分包人知道或者应当知道接受发包或者分包业务的雇主没有相应资质或者安全生产条件的，应当与雇主承担连带赔偿责任。

属于《工伤保险条例》调整的劳动关系和工伤保险范围的，不适用本条规定。

第十二条　依法应当参加工伤保险统筹的用人单位的劳动者，因工伤事故遭受人身损害，劳动者或者其近亲属向人民法院起诉请求用人单位承担民事赔偿责任的，告知其按《工伤保险条例》的规定处理。

因用人单位以外的第三人侵权造成劳动者人身损害，赔偿权利人请求第三人承担民事赔偿责任的，人民法院应予支持。

第十三条　为他人无偿提供劳务的帮工人，在从事帮工活动中致人损害的，被帮工人应当承担赔偿责任。被帮工人明确拒绝帮工的，不承担赔偿责任。帮工人存在故意或者重大过失，赔偿权利人请求帮工人和被帮工人承担连带责任的，人民法院应予支持。

第十四条　帮工人因帮工活动遭受人身损害的，被帮工人应当承担赔偿责任。被帮工人明确拒绝帮工的，不承担赔偿责任；但可以在受益范围内予以适当补偿。

帮工人因第三人侵权遭受人身损害的，由第三人承担赔偿责任。第三人不能确定或者没有赔偿能力的，可以由被帮工人予以适当补偿。

第十五条　为维护国家、集体或者他人的合法权益而使自己受到人身损害，因没有侵权人、不能确定侵权人或者侵权人没有赔偿能力，赔偿权利人请求受益人在受益范围内予以适当补偿的，人民法院应予支持。

第十六条　下列情形，适用民法通则第一百二十六条的规定，由所有人或者管理人承担赔偿责任，但能够证明自己没有过错的除外：

（一）道路、桥梁、隧道等人工建造的构筑物因维护、管理瑕疵致人损害的；

（二）堆放物品滚落、滑落或者堆放物倒塌致人损害的；

（三）树木倾倒、折断或者果实坠落致人损害的。

前款第（一）项情形，因设计、施工缺陷造成损害的，由所有人、管理人与设计、施工者承担连带责任。

第十七条 受害人遭受人身损害，因就医治疗支出的各项费用以及因误工减少的收入，包括医疗费、误工费、护理费、交通费、住宿费、住院伙食补助费、必要的营养费，赔偿义务人应当予以赔偿。

受害人因伤致残的，其因增加生活上需要所支出的必要费用以及因丧失劳动能力导致的收入损失，包括残疾赔偿金、残疾辅助器具费、被扶养人生活费，以及因康复护理、继续治疗实际发生的必要的康复费、护理费、后续治疗费，赔偿义务人也应当予以赔偿。

受害人死亡的，赔偿义务人除应当根据抢救治疗情况赔偿本条第一款规定的相关费用外，还应当赔偿丧葬费、被扶养人生活费、死亡补偿费以及受害人亲属办理丧葬事宜支出的交通费、住宿费和误工损失等其他合理费用。

第十八条 受害人或者死者近亲属遭受精神损害，赔偿权利人向人民法院请求赔偿精神损害抚慰金的，适用《最高人民法院关于确定民事侵权精神损害赔偿责任若干问题的解释》予以确定。

精神损害抚慰金的请求权，不得让与或者继承。但赔偿义务人已经以书面方式承诺给予金钱赔偿，或者赔偿权利人已经向人民法院起诉的除外。

第十九条 医疗费根据医疗机构出具的医药费、住院费等收款凭证，结合病历和诊断证明等相关证据确定。赔偿义务人对治疗的必要性和合理性有异议的，应当承担相应的举证责任。

医疗费的赔偿数额，按照一审法庭辩论终结前实际发生的数额确定。器官功能恢复训练所必要的康复费、适当的整容费以及其他后续治疗费，赔偿权利人可以待实际发生后另行起诉。但根据医疗证明或者鉴定结论确定必然发生的费用，可以与已经发生的医疗费一并予以赔偿。

第二十条 误工费根据受害人的误工时间和收入状况确定。

误工时间根据受害人接受治疗的医疗机构出具的证明确定。受害人因伤致残持续误工的，误工时间可以计算至定残日前一天。

受害人有固定收入的，误工费按照实际减少的收入计算。受害人无固定收入的，按照其最近三年的平均收入计算；受害人不能举证证明其最近三年的平均收入状况的，可以参照受诉法院所在地相同或者相近行业上一年度职工的平均工资计算。

第二十一条 护理费根据护理人员的收入状况和护理人数、护理期限确定。

护理人员有收入的，参照误工费的规定计算；护理人员没有收入或者雇佣护工的，参照当地护工从事同等级别护理的劳务报酬标准计算。护理人员原则上为一人，但医疗机构或者鉴定机构有明确意见的，可以参照确定护理人员人数。

护理期限应计算至受害人恢复生活自理能力时止。受害人因残疾不能恢复生活自理能力的，可以根据其年龄、健康状况等因素确定合理的护理期限，但最长不超过二十年。

受害人定残后的护理，应当根据其护理依赖程度并结合配制残疾辅助器具的情况确定护理级别。

第二十二条 交通费根据受害人及其必要的陪护人员因就医或者转院治疗实际发生的费用计算。交通费应当以正式票据为凭；有关凭据应当与就医地点、时间、人数、次数相符合。

第二十三条 住院伙食补助费可以参照当地国家机关一般工作人员的出差伙食补助标准予以确定。

受害人确有必要到外地治疗，因客观原因不能住院，受害人本人及其陪护人员实际发生的住宿费和伙食费，其合理部分应予赔偿。

第二十四条　营养费根据受害人伤残情况参照医疗机构的意见确定。

第二十五条　残疾赔偿金根据受害人丧失劳动能力程度或者伤残等级，按照受诉法院所在地上一年度城镇居民人均可支配收入或者农村居民人均纯收入标准，自定残之日起按二十年计算。但六十周岁以上的，年龄每增加一岁减少一年；七十五周岁以上的，按五年计算。

受害人因伤致残但实际收入没有减少，或者伤残等级较轻但造成职业妨害严重影响其劳动就业的，可以对残疾赔偿金作相应调整。

第二十六条　残疾辅助器具费按照普通适用器具的合理费用标准计算。伤情有特殊需要的，可以参照辅助器具配制机构的意见确定相应的合理费用标准。

辅助器具的更换周期和赔偿期限参照配制机构的意见确定。

第二十七条　丧葬费按照受诉法院所在地上一年度职工月平均工资标准，以六个月总额计算。

第二十八条　被扶养人生活费根据扶养人丧失劳动能力程度，按照受诉法院所在地上一年度城镇居民人均消费性支出和农村居民人均年生活消费支出标准计算。被扶养人为未成年人的，计算至十八周岁；被扶养人无劳动能力又无其他生活来源的，计算二十年。但六十周岁以上的，年龄每增加一岁减少一年；七十五周岁以上的，按五年计算。

被扶养人是指受害人依法应当承担扶养义务的未成年人或者丧失劳动能力又无其他生活来源的成年近亲属。被扶养人还有其他扶养人的，赔偿义务人只赔偿受害人依法应当负担的部分。被扶养人有数人的，年赔偿总额累计不超过上一年度城镇居民人均消费性支出额或者农村居民人均年生活消费支出额。

第二十九条　死亡赔偿金按照受诉法院所在地上一年度城镇居民人均可支配收入或者农村居民人均纯收入标准，按二十年计算。但六十周岁以上的，年龄每增加一岁减少一年；七十五周岁以上的，按五年计算。

第三十条　赔偿权利人举证证明其住所地或者经常居住地城镇居民人均可支配收入或者农村居民人均纯收入高于受诉法院所在地标准的，残疾赔偿金或者死亡赔偿金可以按照其住所地或者经常居住地的相关标准计算。

被扶养人生活费的相关计算标准，依照前款原则确定。

第三十一条　人民法院应当按照民法通则第一百三十一条以及本解释第二条的规定，确定第十九条至第二十九条各项财产损失的实际赔偿金额。

前款确定的物质损害赔偿金与按照第十八条第一款规定确定的精神损害抚慰金，原则上应当一次性给付。

第三十二条　超过确定的护理期限、辅助器具费给付年限或者残疾赔偿金给付年限，赔偿权利人向人民法院起诉请求继续给付护理费、辅助器具费或者残疾赔偿金的，人民法院应予受理。赔偿权利人确需继续护理、配制辅助器具，或者没有劳动能力和生活来源的，人民法院应当判令赔偿义务人继续给付相关费用五至十年。

第三十三条　赔偿义务人请求以定期金方式给付残疾赔偿金、被扶养人生活费、残疾辅助器具费的，应当提供相应的担保。人民法院可以根据赔偿义务人的给付能力和提供担保的情况，确定以定期金方式给付相关费用。但一审法庭辩论终结前已经发生的费用、死亡赔偿金以及精神损害抚慰金，应当一次性给付。

第三十四条　人民法院应当在法律文书中明确定期金的给付时间、方式以及每期给付标准。执行期间有关统计数据发生变化的，给付金额应当适时进行相应调整。

定期金按照赔偿权利人的实际生存年限给付，不受本解释有关赔偿期限的限制。

第三十五条　本解释所称"城镇居民人均可支配收入"、"农村居民人均纯收入"、"城镇居民人均消费性支出"、"农村居民人均年生活消费支出"、"职工平均工资"，按照政府统计部门公布的各省、自治区、直辖市以及经济特区和计划单列市上一年度相关统计数据确定。

"上一年度"，是指一审法庭辩论终结时的上一统计年度。

第三十六条　本解释自2004年5月1日起施行。2004年5月1日后新受理的一审人身损害赔偿案件，适用本解释的规定。已经作出生效裁判的人身损害赔偿案件依法再审的，不适用本解释的规定。

在本解释公布施行之前已经生效施行的司法解释，其内容与本解释不一致的，以本解释为准。

五、最高人民法院关于确定民事侵权精神损害赔偿责任若干问题的解释

该解释于2001年1月26日最高人民法院审判委员会第1161次会议通过

（法释〔2001〕7号）

为在审理民事侵权案件中正确确定精神损害赔偿责任，根据《中华人民共和国民法通则》等有关法律规定，结合审判实践经验，对有关问题作如下解释：

第一条　自然人因下列人格权利遭受非法侵害，向人民法院起诉请求赔偿精神损害的，人民法院应当依法予以受理：

（一）生命权、健康权、身体权；

（二）姓名权、肖像权、名誉权、荣誉权；

（三）人格尊严权、人身自由权。

违反社会公共利益、社会公德侵害他人隐私或者其他人格利益，受害人以侵权为由向人民法院起诉请求赔偿精神损害的，人民法院应当依法予以受理。

第二条　非法使被监护人脱离监护，导致亲子关系或者近亲属间的亲属关系遭受严重损害，监护人向人民法院起诉请求赔偿精神损害的，人民法院应当依法予以受理。

第三条　自然人死亡后，其近亲属因下列侵权行为遭受精神痛苦，向人民法院起诉请求赔偿精神损害的，人民法院应当依法予以受理：

（一）以侮辱、诽谤、贬损、丑化或者违反社会公共利益、社会公德的其他方式，侵害死者姓名、肖像、名誉、荣誉；

（二）非法披露、利用死者隐私，或者以违反社会公共利益、社会公德的其他方式侵害死者隐私；

（三）非法利用、损害遗体、遗骨，或者以违反社会公共利益、社会公德的其他方式侵害遗体、遗骨。

第四条　具有人格象征意义的特定纪念物品，因侵权行为而永久性灭失或者毁损，物品所有人以侵权为由，向人民法院起诉请求赔偿精神损害的，人民法院应当依法予以受理。

第五条　法人或者其他组织以人格权利遭受侵害为由，向人民法院起诉请求赔偿精神损害的，人民法院不予受理。

第六条　当事人在侵权诉讼中没有提出赔偿精神损害的诉讼请求，诉讼终结后又基于同一侵权事实另行起诉请求赔偿精神损害的，人民法院不予受理。

第七条 自然人因侵权行为致死，或者自然人死亡后其人格或者遗体遭受侵害，死者的配偶、父母和子女向人民法院起诉请求赔偿精神损害的，列其配偶、父母和子女为原告；没有配偶、父母和子女的，可以由其他近亲属提起诉讼，列其他近亲属为原告。

第八条 因侵权致人精神损害，但未造成严重后果，受害人请求赔偿精神损害的，一般不予支持，人民法院可以根据情形判令侵权人停止侵害、恢复名誉、消除影响、赔礼道歉。

因侵权致人精神损害，造成严重后果的，人民法院除判令侵权人承担停止侵害、恢复名誉、消除影响、赔礼道歉等民事责任外，可以根据受害人一方的请求判令其赔偿相应的精神损害抚慰金。

第九条 精神损害抚慰金包括以下方式：

（一）致人残疾的，为残疾赔偿金；

（二）致人死亡的，为死亡赔偿金；

（三）其他损害情形的精神抚慰金。

第十条 精神损害的赔偿数额根据以下因素确定：

（一）侵权人的过错程度，法律另有规定的除外；

（二）侵害的手段、场合、行为方式等具体情节；

（三）侵权行为所造成的后果；

（四）侵权人的获利情况；

（五）侵权人承担责任的经济能力；

（六）受诉法院所在地平均生活水平。

法律、行政法规对残疾赔偿金、死亡赔偿金等有明确规定的，适用法律、行政法规的规定。

第十一条 受害人对损害事实和损害后果的发生有过错的，可以根据其过错程度减轻或者免除侵权人的精神损害赔偿责任。

第十二条 在本解释公布施行之前已经生效施行的司法解释，其内容有与本解释不一致的，以本解释为准。

六、重大医疗过失行为和医疗事故报告制度的规定

第一条 为防范重大医疗过失行为和医疗事故的发生，正确处理医疗事故，不断提高医疗服务质量，根据《医疗事故处理条例》和《医疗机构管理条例》制定本规定。

第二条 卫生行政部门应当建立健全医疗事故报告制度。

医疗机构应当建立健全重大医疗过失行为和医疗事故报告制度。

第三条 医疗机构发生或发现重大医疗过失行为后，应于12小时内向所在地县级卫生行政部门报告。报告的内容包括：

（一）医疗机构名称；

（二）当事医务人员的姓名、性别、科室、专业、职务和/或专业技术职务任职资格；

（三）患者姓名、性别、年龄、国籍、就诊或入院时间、简要诊疗经过、目前状况；

（四）重大医疗过失行为发生的时间、经过；

（五）采取的医疗救治措施；

（六）患方的要求；

（七）省级以上卫生行政部门规定的其他内容。

第四条 重大医疗过失行为导致3名以上患者死亡、10名以上患者出现人身损害的，医疗机构应当立即向所在地县级卫生行政部门报告，地方卫生行政部门应当立即逐级报告至卫生部；

中医、中西医结合、民族医医疗机构发生上述情形的，还应当同时逐级报告至国家中医药管理局。报告的内容包括：

（一）医疗机构名称；

（二）患者姓名、性别、年龄、国籍、就诊或入院时间、简要诊疗经过、目前状况；

（三）重大医疗过失行为发生的时间、经过。

第五条 医疗事故争议未经医疗事故技术鉴定，由双方当事人自行协商解决的，医疗机构应当自协商解决之日起7日内向所在地县级卫生行政部门作出书面报告。报告的内容包括：

（一）双方当事人签订的协议书，载明双方当事人的基本情况和医疗事故的原因、双方当事人共同认定的医疗事故等级、医疗过失行为责任程度以及协商确定的赔偿数额等；

（二）协议执行计划或执行情况；

（三）医疗机构对当事医务人员的处理情况；

（四）医疗机构整改措施；

（五）对当事医务人员的行政处理建议；

（六）省级以上卫生行政部门规定的其他内容。

第六条 医疗事故争议经医疗事故技术鉴定确定为医疗事故，双方当事人协商或卫生行政部门调解解决的，医疗机构应当在协商（调解）解决后7日内向所在地县级卫生行政部门作出书面报告。报告的内容包括：

（一）医疗事故技术鉴定书；

（二）双方当事人签订的协议书或行政调解书，载明协商确定的赔偿数额；

（三）双方当事人签订的或行政调解达成的协议执行计划或执行情况；

（四）医疗机构对当事医务人员的处理情况；

（五）医疗机构整改措施；

（六）对当事医务人员的行政处理建议；

（七）省级卫生行政部门规定的其他内容。

第七条 医疗事故争议经人民法院调解或者判决解决的，医疗机构应当自收到生效的人民法院调解书或者判决书之日起7日内向所在地县级卫生行政部门作出书面报告。报告的内容包括：

（一）人民法院的调解书或判决书；

（二）人民法院调解书或判决书执行计划或者执行情况；

（三）医疗机构对当事医务人员的处理情况；

（四）医疗机构整改措施；

（五）对当事医务人员的行政处理建议；

（六）省级以上卫生行政部门规定的其他内容。

第八条 省、自治区、直辖市卫生行政部门应当将上一年度本辖区内发生医疗事故的有关情况汇总，于3月31日前上报至卫生部（见附表）；其中中医、中西医结合、民族医疗机构发生的医疗事故，也按附表要求汇总后报国家中医药管理局。上报的内容包括：

（一）按医疗事故等级统计的医疗事故数量；

（二）按医疗事故等级和解决途径（双方当事人协商、行政调解和民事诉讼）统计的医疗事故数量；

（三）按医疗事故等级和医疗过失行为责任程度统计的医疗事故数量；

（四）按医疗事故等级和首次鉴定、再次鉴定、中华医学会组织鉴定统计的医疗事故数量；

（五）按医疗事故等级和医疗机构类别统计的医疗事故数量；

（六）按医疗事故等级统计的医疗事故赔偿总金额，个案最高赔偿金额、最低赔偿金额；

（七）按医疗事故等级和行政处理方式统计的对医疗机构的行政处理情况；

（八）按医疗事故等级和行政处理方式统计的对医务人员的行政处理情况；

（九）卫生部规定的其他内容。

第九条　卫生行政部门违反《医疗事故处理条例》和本规定的，按照《医疗事故处理条例》第五十四条的规定处理，并予以通报。

第十条　医疗机构违反《医疗事故处理条例》和本规定的，按照《医疗事故处理条例》第五十六条的规定处理，并予以通报。

第十一条　省、自治区、直辖市卫生行政部门可以根据本规定确定本辖区医疗事故的报告内容、程序和时间。

第十二条　本规定由卫生部负责解释。

第十三条　本规定自2002年9月1日起施行。

七、广东省医疗纠纷预防与处理办法

第一章　总则

第一条　为了预防与处理医疗纠纷，保护医患双方当事人的合法权益，维护医疗秩序，根据《中华人民共和国侵权责任法》、《中华人民共和国人民调解法》、《医疗事故处理条例》等有关法律法规，结合本省实际，制定本办法。

第二条　本省行政区域内医疗纠纷的预防与处理，适用本办法。

本办法所称医疗纠纷，是指医患双方当事人之间因医疗机构及其医务人员在医疗过程中实施的医疗、预防、保健等执业行为而引发的争议。

第三条　医疗纠纷的预防与处理，应当坚持预防为主、公平合理、及时便民、依法处理的原则。

第四条　县级以上人民政府应当加强对医疗纠纷预防与处理工作的领导，督促有关部门依法履行职责，协调解决医疗纠纷预防与处理工作中的重大问题。

医疗机构所在地、患者居住地乡镇人民政府、街道办事处应当配合县级以上人民政府及相关部门做好医疗纠纷的处理工作。

第五条　县级以上人民政府卫生行政部门应当规范医疗机构执业准入，加强对医疗机构及其医务人员的监督管理，督促医疗机构提高医疗服务质量、保障医疗安全，做好医疗纠纷预防与处理工作。

县级以上人民政府司法行政部门应当履行职责，加强对医疗纠纷人民调解工作的指导，促进医疗纠纷人民调解工作规范化建设。

县级以上人民政府公安机关应当维护医疗机构的治安秩序，加强对医疗机构内部治安保卫工作的监督指导，依法打击侵害医务人员、患者人身安全和扰乱医疗机构秩序的违法犯罪行为。

县级以上人民政府价格主管部门应当加强医疗服务价格监督管理，规范医疗服务价格行为。

保险监督管理机构应当加强对相关保险工作的监督管理。

县级以上人民政府人力资源与社会保障、财政、民政等部门在各自职责范围内，做好医疗纠纷预防与处理工作。

第六条　新闻媒体应当遵守有关法律、法规、规章和职业道德，履行社会责任，客观公正报道医疗纠纷。

第七条　医患双方当事人在医疗纠纷发生后，可以选择下列途径解决：

（一）自行协商解决，但第二十九条第三款规定的除外；

（二）向医疗纠纷人民调解委员会或者医患纠纷人民调解委员会（以下简称医调委）申请调解；

（三）向卫生行政部门申请行政处理；

（四）向人民法院提起诉讼；

（五）法律、法规、规章规定的其他途径。

有条件的地级以上市可以试行医疗纠纷仲裁。

第八条　医调委是依法设立的专业性人民调解组织。

地级以上市人民政府司法行政部门应当指导当地设立医调委，县级人民政府司法行政部门应当指导当地根据实际需要设立医调委，负责本行政区域内医疗纠纷的人民调解工作。县级以上人民政府司法行政部门应当对本行政区域内医调委的设立情况进行统计，并及时向社会公布医调委的名称、负责人、地址和电话。

县级以上人民政府对医疗纠纷人民调解工作所需经费、人员、办公场地等给予必要的支持和保障。

各级司法行政部门和卫生行政部门应当加强沟通与协作，加强对医疗纠纷人民调解工作的指导。

有条件的市、县、区人民政府可以对医调委的设立及开展医疗纠纷人民调解工作采取政府购买服务的方式。

第九条　鼓励和支持医疗机构参加医疗责任保险，鼓励患者参加医疗意外保险。

卫生行政部门应当引导医疗机构参加医疗责任保险。

第十条　鼓励境内外公民、法人和其他组织依法捐赠财产或者设立医疗风险基金，资助本省医疗机构开展医疗救助和医调委开展医疗纠纷调解工作。

接受捐助的医疗机构或者医调委应当每半年一次向社会公布接受社会捐助、资助的具体情况，接受社会监督。

第二章　医疗纠纷的预防

第十一条　卫生行政部门应当加强对医疗机构和医护人员执业准入及其执业行为的监督，及时查处医疗机构的违法违规行为，采取有效措施提高医疗水平，维护医患双方当事人的合法权益。

第十二条　县级以上人民政府卫生行政部门行使下列监督管理职责：

（一）负责医疗机构的设置审批、执业登记和校验；

（二）检查指导医疗机构的执业活动；

（三）负责组织对医疗机构的评审；

（四）督促医疗机构建立完善有关制度；

（五）对违反本办法的行为给予行政处罚。

第十三条　医疗机构执业应当遵守有关法律、法规、规章和医疗技术规范，按照核准登记的诊疗科目开展诊疗活动。

医疗机构应当加强对医务人员医疗卫生管理法律、法规、规章和诊疗护理规范、常规的培训和医疗服务职业道德教育。

医疗机构应当按照规定公开医疗服务信息，并通过多种途径向患者及其近亲属以及社会公众宣传医疗卫生法律、法规和规章。

第十四条　医疗机构应当建立健全医务人员医疗质量监控和评价制度、医疗安全责任制度、医疗纠纷处理制度和内部责任追究制度。

第十五条　医疗机构及其医务人员在医疗活动中应当向患者及其近亲属做好解释与沟通工作。

医疗机构应当建立健全医患沟通机制，设置统一投诉窗口和接待场所，公布投诉电话，在显著位置公布医疗纠纷的解决途径、程序以及医调委等相关机构的职责、地址和联系方式，及时解答和处理有关问题。

卫生行政部门接到患者或者其近亲属对医疗机构的投诉，应当自收到投诉之日起10日内进行审查，作出是否受理的书面决定并告知投诉人。对决定受理的，应当及时组织调查并将处理结果告知投诉人；对不予受理的，应当书面通知投诉人并说明理由。

第十六条　医务人员应当履行下列义务，预防医疗纠纷的发生：

（一）遵守卫生法律、法规、规章和诊疗护理规范，不断提高专业技术水平。

（二）遵守职业道德，关心、爱护、尊重患者，保护患者的隐私。

（三）在避免对患者产生不利后果的前提下，应当如实告知患者病情、医疗措施、医疗风险及医疗费用等情况，及时解答其咨询；如实告知患者可能会对其产生不利后果的，应当及时告知其近亲属。

（四）需要实施手术、特殊检查、特殊治疗、实验性临床医疗的，应当及时向患者说明医疗风险、替代医疗方案等情况，并取得患者的书面同意；无法或者不宜向患者说明的，应当向患者的近亲属说明，并取得其书面同意；因抢救生命垂危的患者等紧急情况，无法取得患者或者其近亲属书面同意的，经医疗机构负责人或者授权的负责人批准，可以立即实施相应的医疗措施。

第十七条　医疗机构应当按照国务院卫生行政部门的规定要求，书写并妥善保管病历资料。

因抢救急危患者，未能及时书写病历的，有关医务人员应当在抢救结束后6小时内据实补记，并加以注明。

不得丢失、隐匿、伪造或者销毁病历资料。

第十八条　患者及其近亲属或者其委托人有权复印或者复制门（急）诊病历、入院记录、体温单、医嘱单、化验单（检验报告）、医学影像检查资料、特殊检查同意书、手术同意书、手术及麻醉记录单、病理资料、护理记录以及国务院卫生行政部门规定的其他病历资料。复印或者复制时应当有患者及其近亲属或者其委托人在场。

发生医疗纠纷时，死亡病例讨论记录、疑难病例讨论记录、上级医师查房记录、会诊意见、病程记录应当在医患双方在场的情况下封存和启封。封存的病历资料可以是复印件，由医疗机构保管。纠纷处理完结6个月后医疗机构可以启封封存的病历资料。

患者及其近亲属或者其委托人复印或者复制病历资料的，医疗机构应当提供复印或者复制服务，并在复印或者复制的病历资料上加盖证明印记。

医疗机构应患者及其近亲属或者其委托人的要求，为其复印或者复制病历资料，可以按照省人民政府价格主管部门规定的标准收取工本费。

第十九条　医患双方当事人未能确定死因或者对死因有异议的，应当在患者死亡后48小时内进行尸检；具备尸体冻存条件的，可以延长至7日。尸检应当经死者近亲属同意并签字，无正当理由拒绝签字的，医疗机构可以邀请医调委、居委会或者村委会、公安机关、卫生行政部门等第三方人员签字见证。

拒绝或者拖延尸检，超过规定时间，影响死因判定的，由拒绝或者拖延的一方承担责任。医患双方当事人可以请法医病理学人员参加尸检，也可以委派代表观察尸检过程。

第二十条　患者在医疗机构内死亡的，尸体应当在2小时内移放太平间，存放时间不得超过24小时。医疗机构没有设置太平间的，应当在2小时内将尸体移送殡仪馆。

患者在医疗机构内死亡的，由医疗机构通知殡仪馆，殡仪馆应当及时到医疗机构按照有关规定接收、运送尸体。

违反本条第一款规定逾期未处理的尸体，经医疗机构所在地卫生行政部门批准，并报经同级公安部门备案后，由医疗机构按照本条第二款规定处理。

尸体应当按照国家和省的规定处理。涉及医疗纠纷的，尸体在殡仪馆的保存费用由医患双方按照责任比例依法承担。

第二十一条　患者及其近亲属应当遵守下列规定：

（一）尊重医务人员；

（二）如实向医务人员告知与诊疗活动有关的病情、病史等情况，配合医务人员进行必要的检查、治疗和护理；

（三）按时支付医疗费用；

（四）配合医疗机构根据病情要求其转诊或者出院的安排；

（五）不得强行要求医疗机构做出超出其救治能力和执业范围的医疗行为。

第二十二条　患者及其近亲属和其他关系人不得有下列行为：

（一）实施暴力或者以暴力相威胁、要挟医疗机构，或者在医疗机构寻衅滋事；

（二）盗窃、抢夺、故意损毁、隐匿医疗机构的公私财物及病历、档案等重要资料；

（三）聚众闹事、围堵医疗机构，强占或者冲击医疗机构办公、诊疗场所；

（四）在医疗机构焚烧纸钱、摆设灵堂、摆放花圈、违规停尸、拉横幅、张贴标语或者大字报，以及散发传单、制造噪音、泼洒污秽物等；

（五）抢夺尸体或者拒绝将尸体移送太平间或者殡仪馆；

（六）侮辱、威胁、恐吓、谩骂、殴打医务人员，故意伤害医务人员，以及非法限制医疗机构工作人员和医务人员的人身自由；

（七）非法携带易燃、易爆危险物品和管制器具进入医疗机构；

（八）其他扰乱医疗机构正常秩序和威胁医务人员人身安全的行为。

第二十三条　医疗机构应当制定医疗纠纷应急处置预案，并报其执业登记的卫生行政部门和所在地公安机关备案。

第三章　医疗纠纷的处理

第一节　一般规定

第二十四条　医疗纠纷发生后，各级卫生行政部门及医疗机构应当按照国务院卫生行政部门制定的重大医疗纠纷报告制度及时报告，不得瞒报、缓报、谎报。

第二十五条　医疗纠纷发生后，医疗机构应当根据医疗纠纷的实际情况，采取以下措施进行处理：

（一）告知患者或者其近亲属有关医疗纠纷处理的办法和程序；患者或者其近亲属要求协商解决的，应当告知其推举不超过5名代表参加协商，并确定1名主要代表。

（二）应患方要求，在医患双方共同在场的情况下，按照本办法第十八条规定封存和启封相关病历资料。

（三）患者在医疗机构内死亡的，应当按照本办法第二十条规定进行尸体处理。

（四）必要时组织专家讨论，并将讨论意见反馈患者或者其近亲属。

（五）配合卫生行政部门、公安机关、医调委等部门、机构做好调查工作。

（六）医疗纠纷处理完毕后，医疗机构应当向患者或者其近亲属提交书面答复。

处理医疗纠纷需要启动应急预案的，应当按照预案规定采取相应措施，防止事态扩大。

第二十六条　卫生行政部门接到医疗纠纷报告后，应当责令医疗机构立即采取有效措施，必要时派人赶赴现场指导、协调处理工作，引导医患双方当事人依法妥善解决医疗纠纷。

第二十七条　医疗机构发现患者或者其近亲属和其他关系人有本办法第二十二条规定情形，经劝说无效的，应当立即向所在地公安机关报警。

公安机关接到警情后，应当按照有关规定予以处理：

（一）立即组织警力赶赴现场，开展教育疏导，甄别身份，制止过激行为；

（二）及时将扰乱正常医疗秩序等违反社会治安管理的医疗纠纷参与人员带离现场调查，维护医疗秩序；

（三）依法处理现场发生的违法犯罪行为；

（四）对患者在医疗机构内死亡，其家属阻碍将尸体移放太平间或者殡仪馆的，现场民警应当配合卫生、民政等部门和殡仪馆，做好尸体处置事宜。

第二十八条　殡仪馆接到医疗机构通知后，应当迅速安排车辆和人员到达现场，按照规定办理接收尸体手续，并移送尸体到殡仪馆。其主管的民政行政部门应当督促其履行职责，卫生行政部门、公安机关及医疗机构等应当配合做好相关工作。

第二节　解决机制

第二十九条　发生医疗纠纷后，医患双方当事人可以自行协商解决。医患双方当事人应当认真听取对方意见，核实相关信息材料，实事求是，协商解决。

医疗机构需要赔偿或者补偿的，医患双方当事人可以达成书面协议。

医疗纠纷赔付金额1万元以上的，公立医疗机构应当采取本办法第七条第一款第二项至第五项及第二款规定的途径解决，不得与患者或者其近亲属自行协商处理。

第三十条　发生医疗纠纷后，医患双方当事人按照就近原则，可以申请医调委调解；医疗纠纷发生地的医调委也可以主动调解。医患双方当事人一方明确拒绝调解的，不得调解。

医调委调解医疗纠纷，不得收取任何费用。

第三十一条　医调委调解医疗纠纷应当坚持医患双方当事人自愿、平等的原则，不违反法律、法规、规章和国家政策；尊重医患双方当事人的权利，不得因调解而阻止医患双方当事人依法通过行政、司法、仲裁等途径维护其合法权益。

第三十二条　医调委的人民调解员应当为人公道、品行良好，具有医疗、法律专业知识和调解工作经验，热心于人民调解工作。

人民调解员对调解中获悉的患者及医务人员的隐私或者医疗机构的商业秘密有保密义务。

县级以上人民政府司法行政部门应当定期对人民调解员进行业务培训。培训不得收取任何费用。

第三十三条　医调委应当建立由相关医学、药学、心理、保险和法律等专家组成的专家库，为医疗纠纷的调查、评估和调解提供技术咨询。

第三十四条　对当事人提出的医疗纠纷调解申请，医调委应当在3个工作日内予以审查。决定受理的，及时答复当事人；不予受理的，应当书面通知当事人并说明理由。

医调委受理调解申请后，应当告知医患双方当事人在调解中享有的权利和承担的义务。

第三十五条　有以下情形之一的医疗纠纷调解申请，医调委不予受理；已经受理的，终止调解：

（一）一方当事人向人民法院提起诉讼的；

（二）一方当事人提出行政处理申请，卫生行政部门已经受理的；

（三）一方当事人拒绝医调委调解的；

（四）法律、法规规定只能由专门机关管辖处理的，或者法律、法规禁止采用人民调解方式解决的。

终止调解的，应当书面通知当事人并说明理由。

第三十六条　医调委受理医疗纠纷调解申请后，可以指定1名或者数名人民调解员进行调解，也可以由当事人选择1名或者数名人民调解员进行调解。必要时，在征得当事人同意后，可以邀请人大代表、政协委员或者有关社会组织的人员参与调解。当事人对人民调解员提出合理回避要求的，经医调委审查后，应当予以更换。

医调委或者其指导管理机关及其负责人认为有应当回避情形的，可以直接作出回避决定；人民调解员认为有应当回避情形的，应当向医调委提出回避。

第三十七条　医调委受理医疗纠纷调解申请后，人民调解员应当分别向医患双方当事人、有关专家了解相关事实和情况；根据需要向有关方面调查、核实医疗纠纷情况时，有关单位或者个人应当予以配合。

第三十八条　医患双方当事人申请医调委调解，对赔付金额10万元以上未达成一致意见的，应当先行共同委托依照国家和省有关规定设立的机构进行鉴定，明确责任。

第三十九条　医调委应当自受理调解申请之日起30日内调解终结。

因特殊情况需要延长调解期限的，医调委和医患双方当事人可以约定延长的期限；超过约定期限仍未达成调解协议的，视为调解不成。

调解不成的，应当书面告知当事人并说明理由。

第四十条　经调解解决的医疗纠纷，应当制作调解协议书。调解协议书由医患双方当事人签名、盖章或者按指印，经调解人员签名并加盖医调委印章后生效。

医患双方当事人同意对人民调解协议书进行司法确认的，医调委应当协助当事人进行司法确认。经过司法确认有效的调解协议，一方当事人拒绝履行或者未全部履行的，对方当事人可以向人民法院申请强制执行。

第四十一条　医疗纠纷发生后，当事人可以按照《医疗事故处理条例》向医疗机构所在地的县级以上人民政府卫生行政部门申请行政处理。

确定为医疗事故的，卫生行政部门应医患双方当事人的请求，可以进行医疗事故赔偿调解。经调解成功的，应当制作调解书，双方当事人应当履行；调解不成或者经调解达成协议后一方不履行协议的，卫生行政部门不再调解。

卫生行政部门在行政处理过程中发现医疗机构及其医务人员有违法行为的，应当依法作出处分或者行政处罚。

第四十二条　医患双方当事人应当自觉履行调解协议。当事人之间就调解协议的履行或者调解协议的内容发生争议的，可以向人民法院提起诉讼。

医患双方当事人也可以就医疗纠纷直接向人民法院提起诉讼。

第四章　医疗责任保险

第四十三条　公立医疗机构按照国家和省的有关规定参加医疗责任保险。

鼓励非公立医疗机构自愿参加医疗责任保险。

第四十四条　医疗责任保险的承保机构应当遵循保本微利原则，合理厘定保险费率，并根据不同的医疗机构历年医疗纠纷赔偿情况实施费率浮动制度。

第四十五条　医疗责任保险的承保机构应当通过招标等方式确定。

第四十六条　参加医疗责任保险的医疗机构，其医疗责任保险保费支出，从医疗机构业务费中列支，按照规定计入医疗成本。按照收入支出两条线管理的医疗机构，保险费用由财政列支。

医疗机构不得因参加医疗责任保险而提高现有收费标准或者变相增加患方的负担。

第四十七条　医疗责任保险的承保机构依据保险合同，承担医疗机构因医疗纠纷产生的赔偿责任。

医疗纠纷发生后，医疗责任保险的承保机构应当按照保险合同约定及时参与医疗纠纷的处理；需要保险理赔的，医疗机构、患者或者其近亲属应当配合并如实向医疗责任保险的承保机构提供医疗纠纷情况。

医疗责任保险的承保机构应当按照保险合同约定，将双方当事人依法自行协商达成的赔偿或者补偿金额在1万元以内的协议、医调委调解达成的协议、卫生行政部门的行政调解协议、人民法院作出的生效调解书或者判决书，作为医疗责任保险理赔的依据之一，及时支付赔偿或者补偿款项。

第五章　法律责任

第四十八条　医疗机构有下列情形之一的，由县级以上人民政府卫生行政部门予以警告、责令其改正；情节严重的，依法吊销医疗机构执业许可证，对负有直接责任的主管人员和其他直接责任人员依法予以处分；构成犯罪的，依法追究刑事责任：

（一）违反本办法第十三条第一款规定，诊疗活动超出核准登记范围的；

（二）违反本办法第十三条第二款规定，未对医务人员进行医疗卫生管理法律、法规、规章和诊疗护理规范、常规的培训和医疗服务职业道德教育的；

（三）违反本办法第十四条规定，未建立医务人员医疗质量监控和评价制度、医疗安全责任制度、医疗纠纷处理制度和内部责任追究制度的；

（四）违反本办法第十七条第一款规定，未按照国务院卫生行政部门的规定要求，书写并妥善保管病历资料的；

（五）违反本办法第十八条第二款规定，未按照规定封存和启封病历资料的；

（六）违反本办法第十八条第三款规定，未按照规定提供病历资料复印或者复制服务，并在复印或者复制的病历资料上加盖证明印记的；

（七）违反本办法第二十三条规定，未制定医疗纠纷应急处置预案，并报其执业登记的卫生行政部门和所在地公安机关备案的；

（八）违反本办法第二十九条第三款规定，公立医疗机构与患者或者及其近亲属自行协商处理赔付金额1万元以上的医疗纠纷的。

第四十九条　医务人员有下列情形之一的，由县级以上人民政府卫生行政部门予以警告、责令改正；情节严重，损害患者身体健康或者造成患者死亡的，依法吊销其执业证书；构成犯罪的，依法追究刑事责任：

（一）违反本办法第十六条第一项规定，未遵守卫生法律、法规、规章和诊疗护理规范的；

（二）违反本办法第十六条第三项规定，未按照规定如实告知患者病情、医疗措施、医疗风险及医疗费用等情况的；

（三）违反本办法第十六条第四项规定，未按照规定取得患者或者其近亲属同意实施手术、特殊检查、特殊治疗、实验性临床医疗的；

（四）违反本办法第十七条第三款规定，丢失、隐匿、伪造或者销毁病历资料的。

第五十条　患者及其近亲属和其他关系人违反本办法第二十二条规定的，由县级以上人民政府公安机关依法处罚；构成犯罪的，依法追究刑事责任。

第五十一条　医调委的人民调解员在医疗纠纷调解工作中，严重失职或者违法违纪的，由聘任单位撤换，由有权机关给予处分；构成犯罪的，依法追究刑事责任。

第五十二条　县级以上人民政府卫生、司法行政、公安、民政等部门和保险监督管理机构及其工作人员在医疗纠纷预防与处理工作中，违反本办法规定，有下列行为之一的，由其主管部门或者监察机关对负有直接责任的主管人员和其他直接责任人员依法给予处分；构成犯罪的，依法追究刑事责任：

（一）未按照本办法规定履行职责的；

（二）玩忽职守、滥用职权、徇私舞弊的。

第六章　附则

第五十三条　本办法自2013年6月1日起施行。